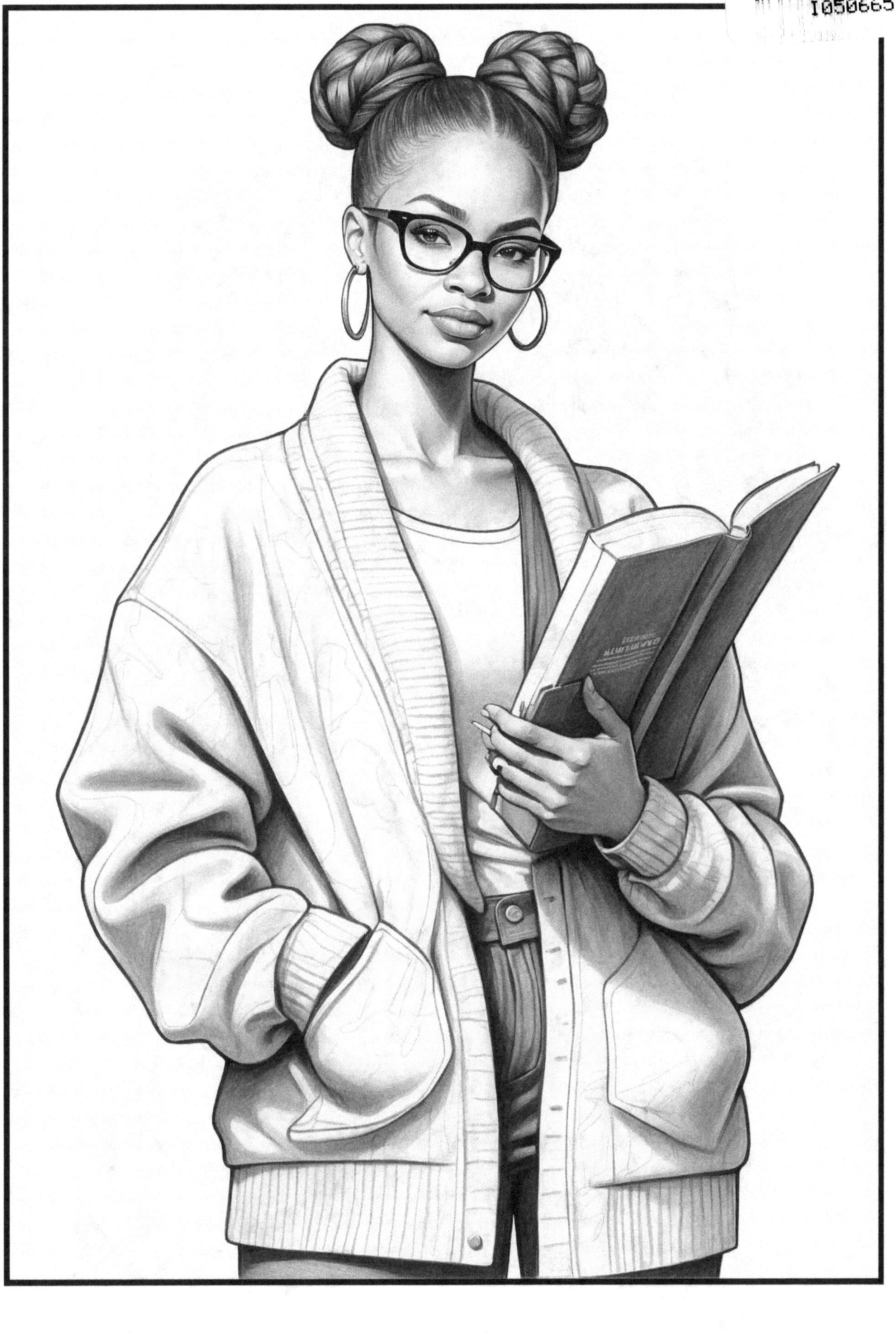

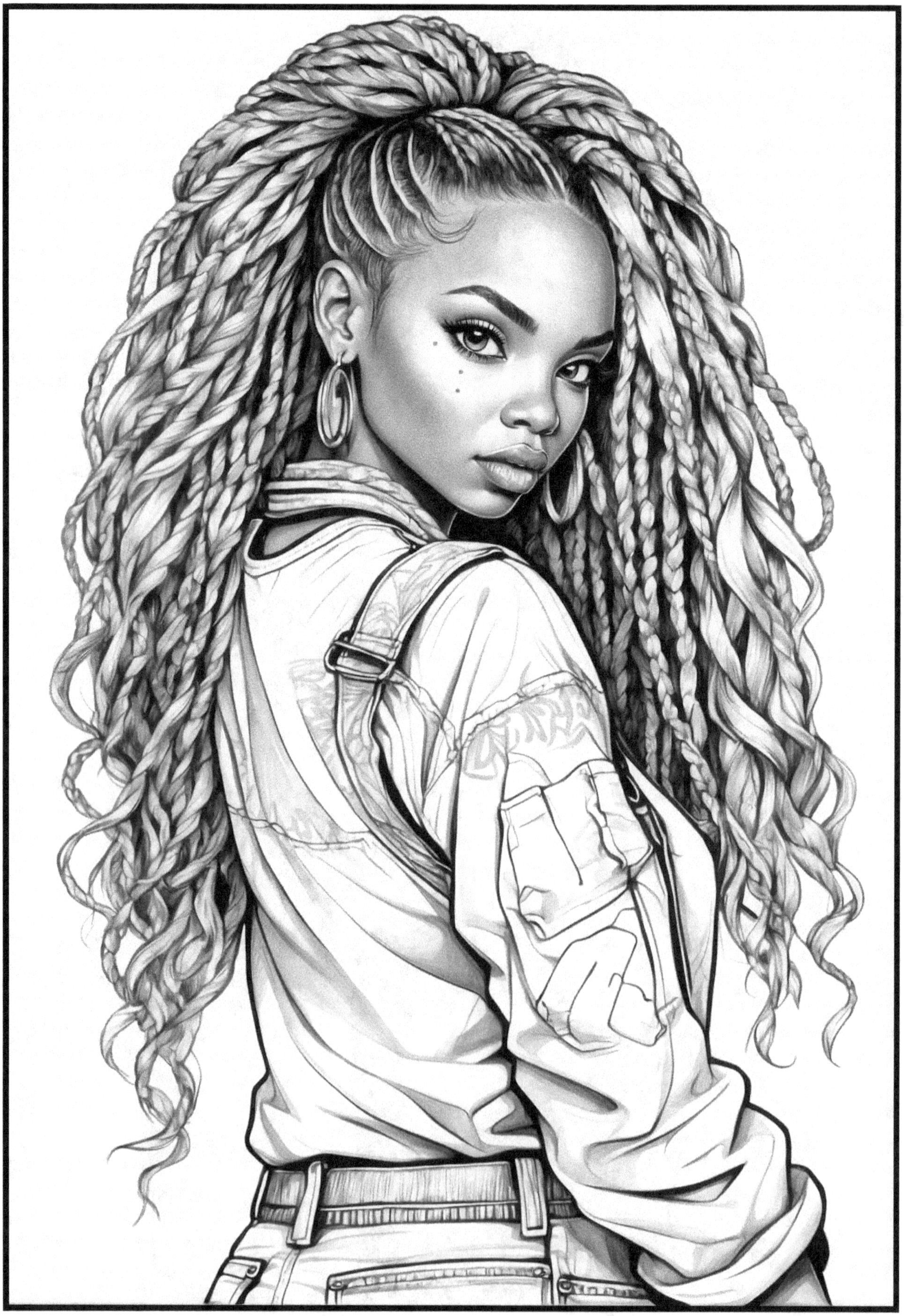

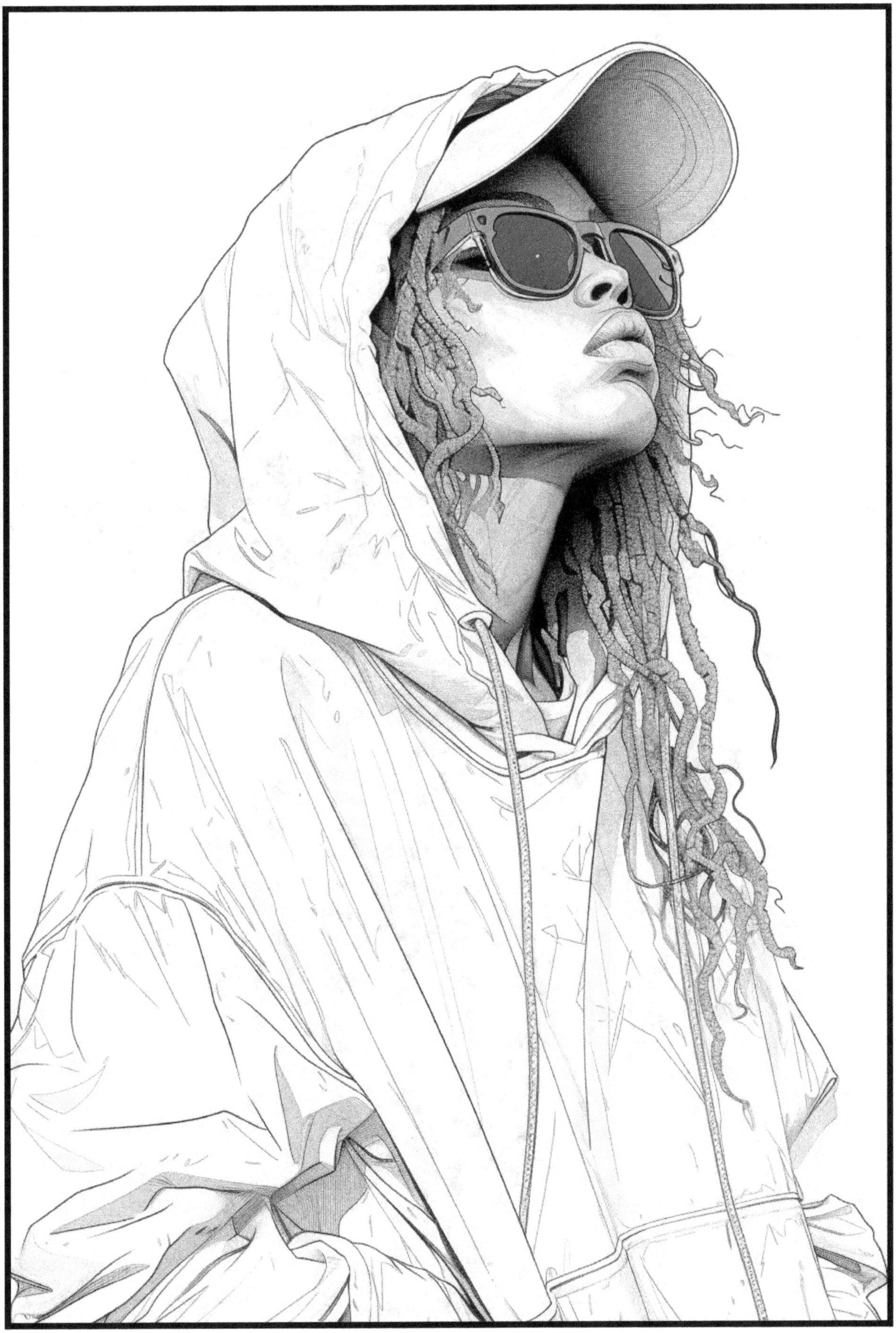

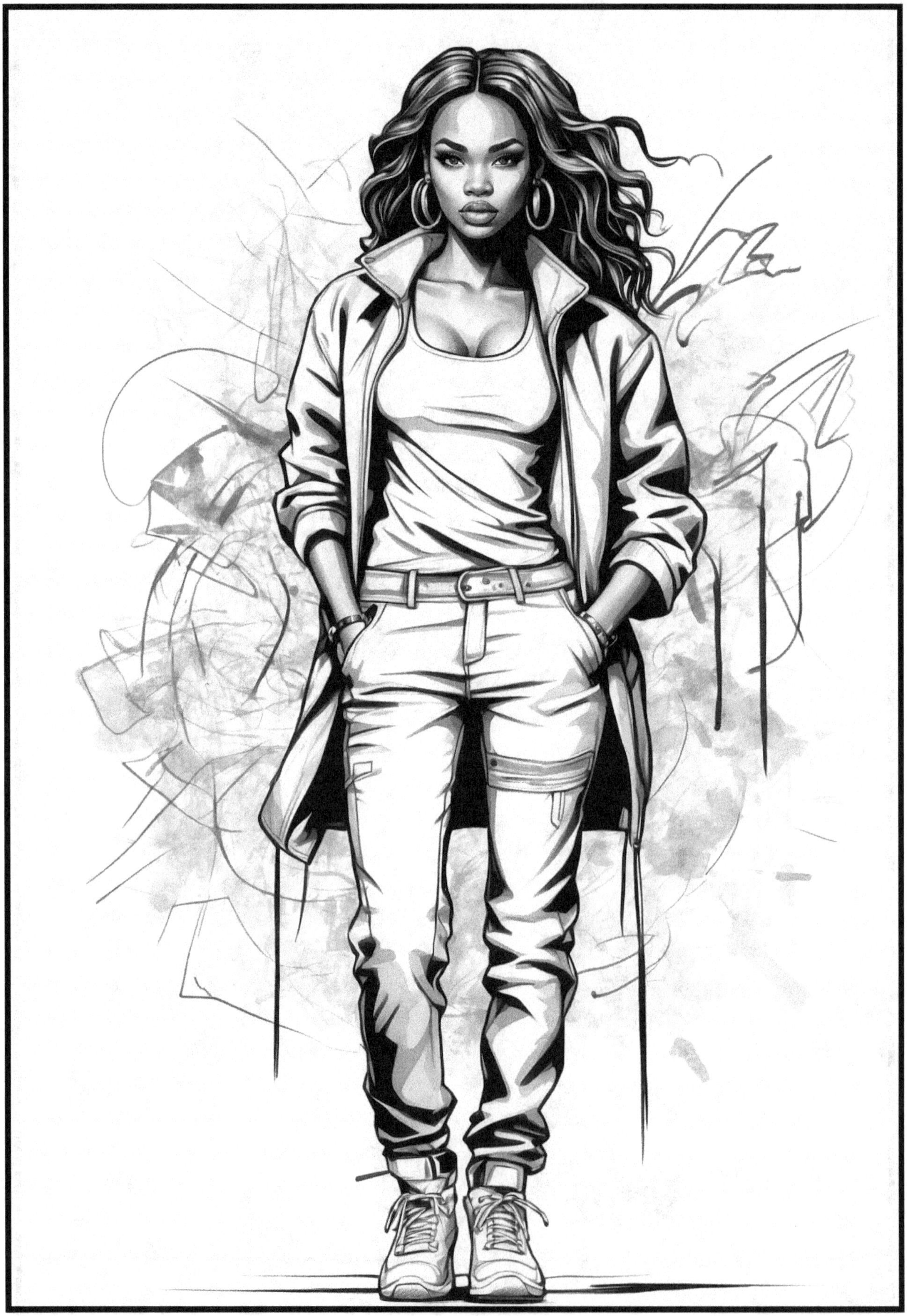

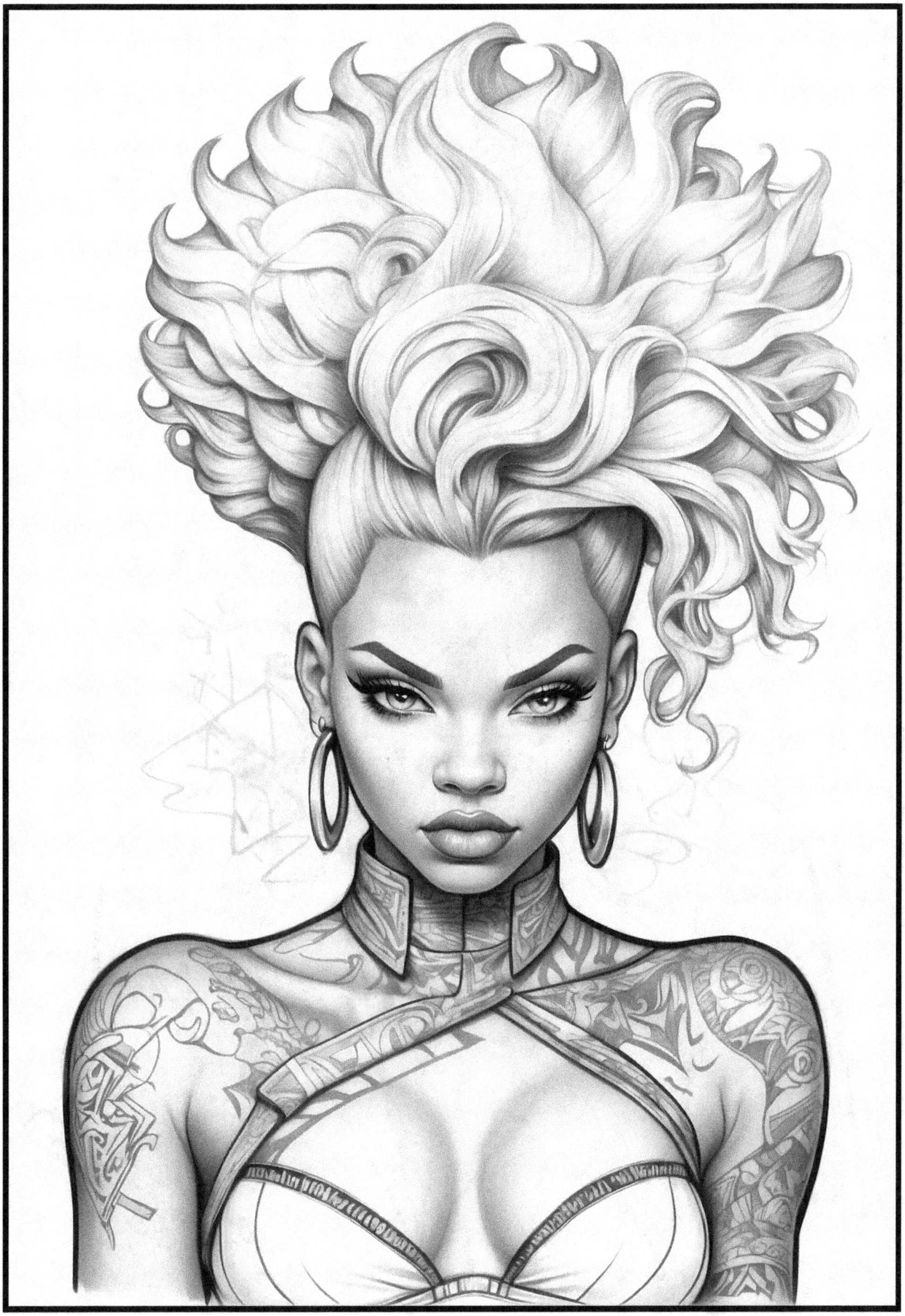

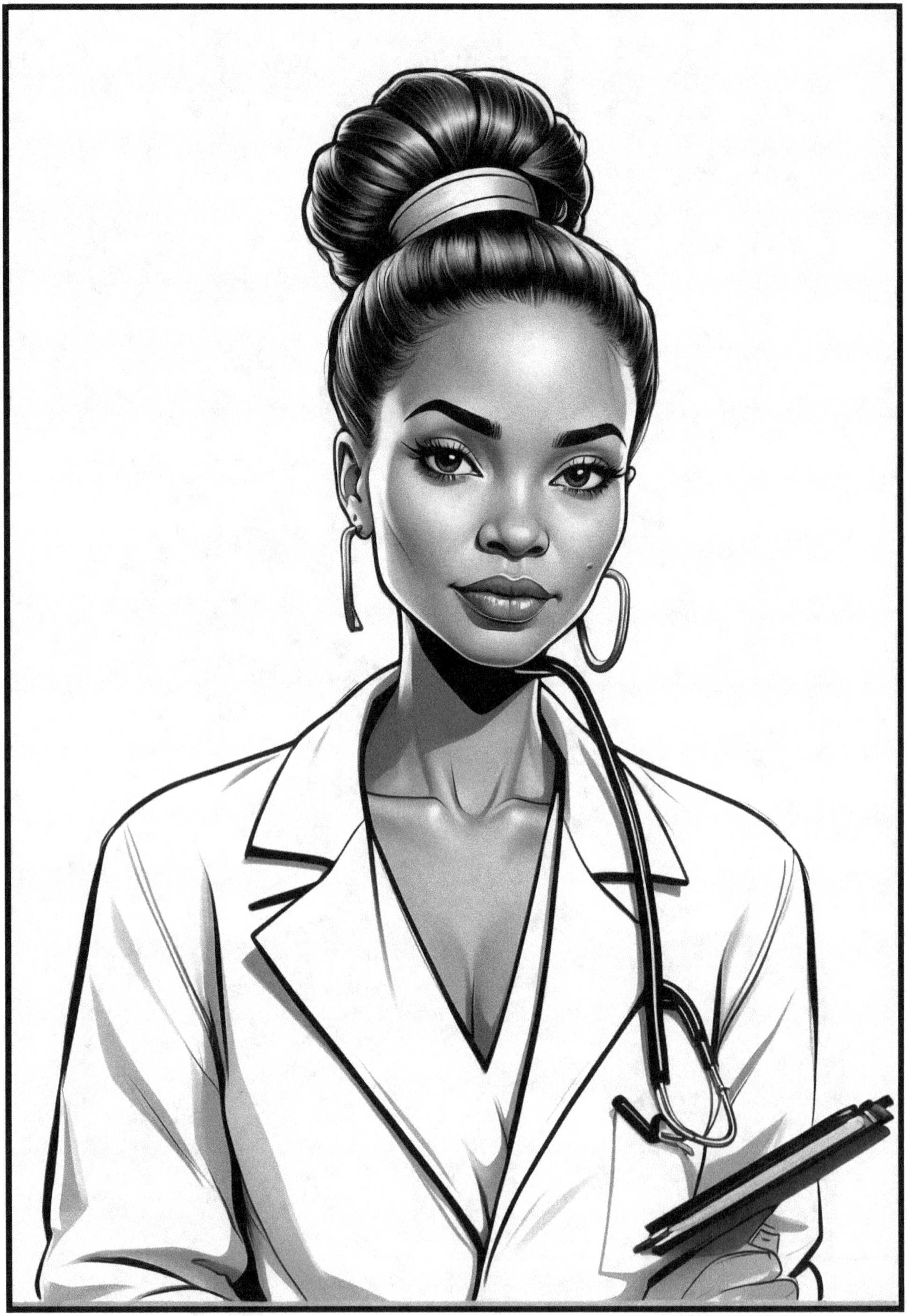

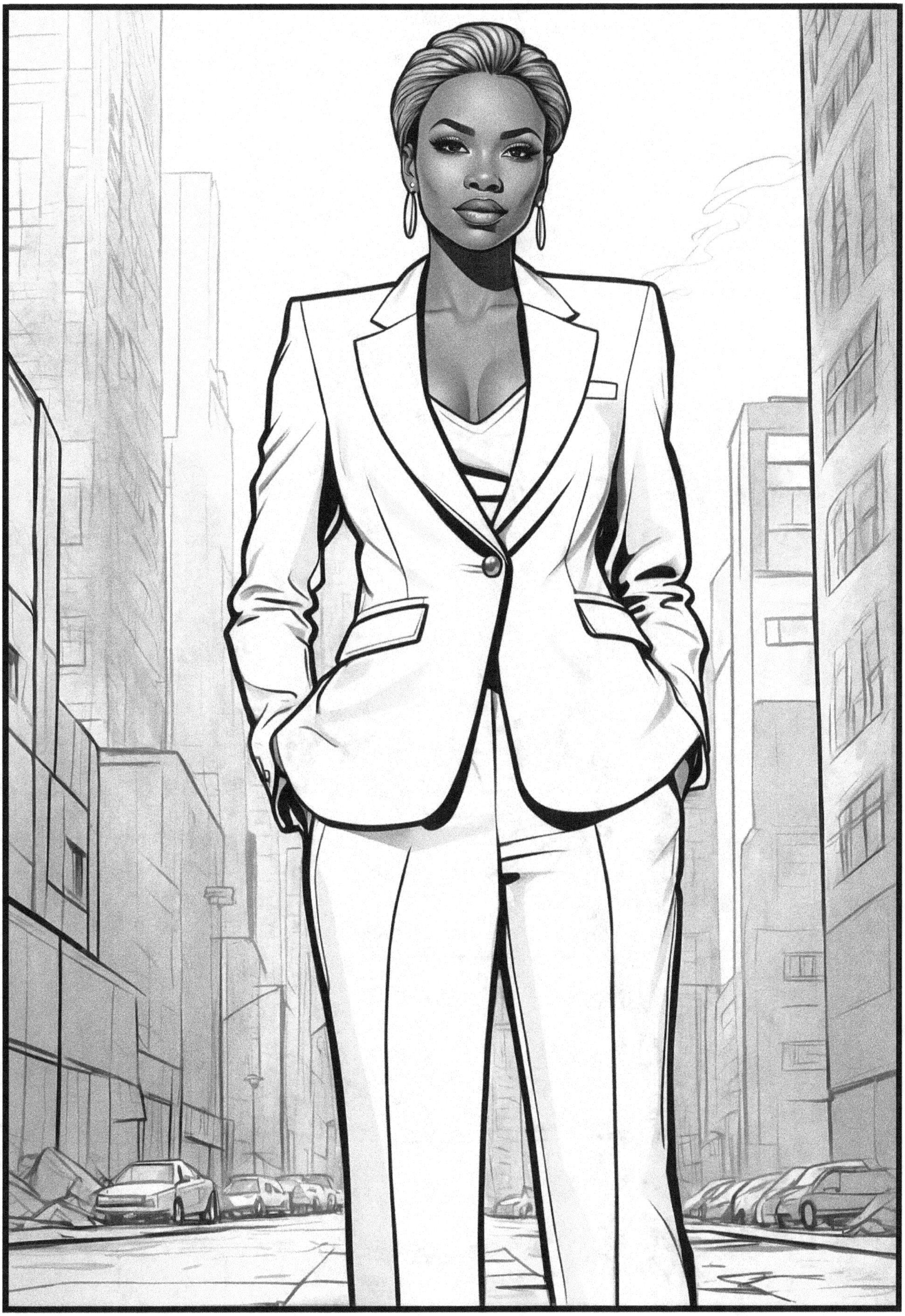

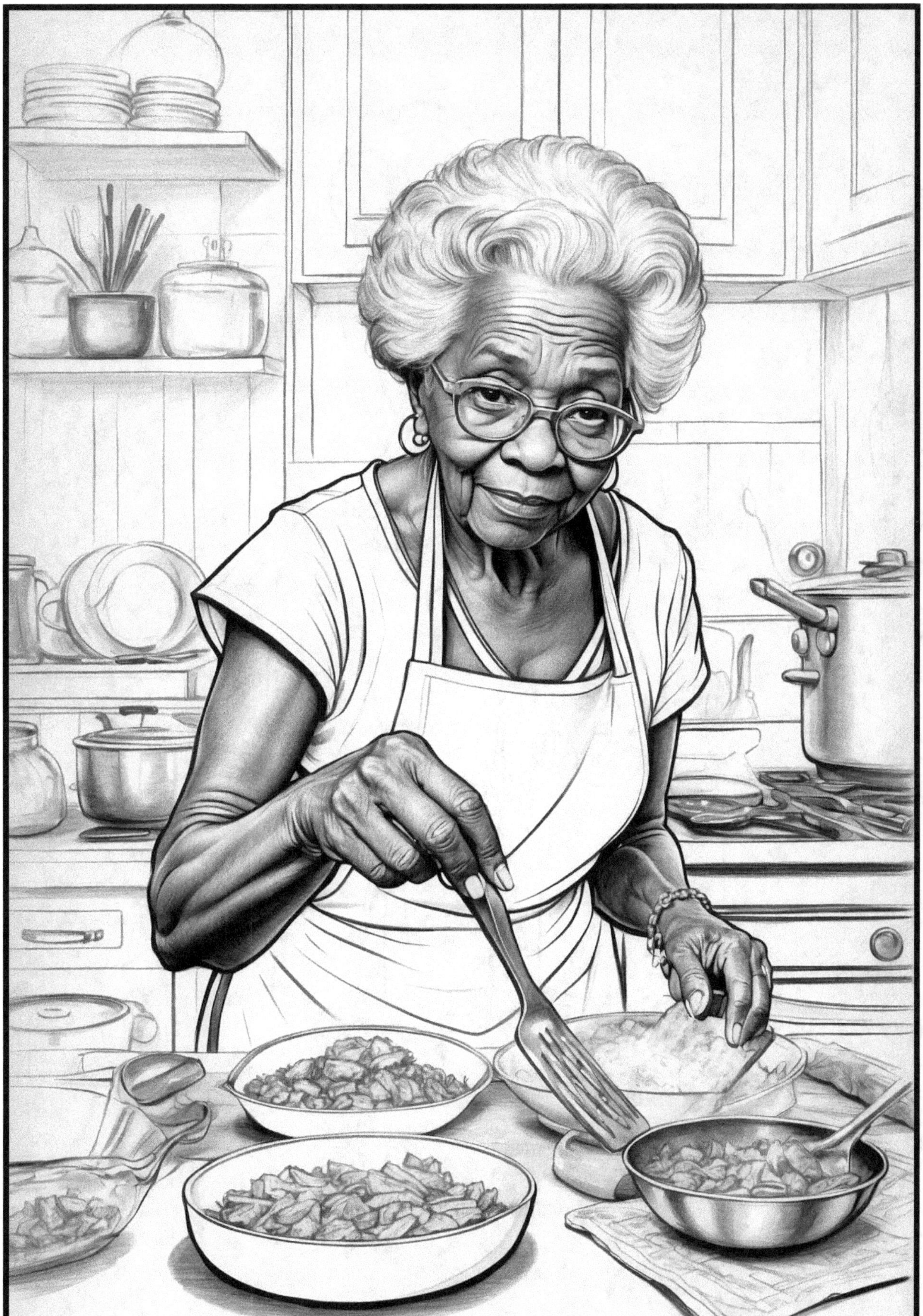

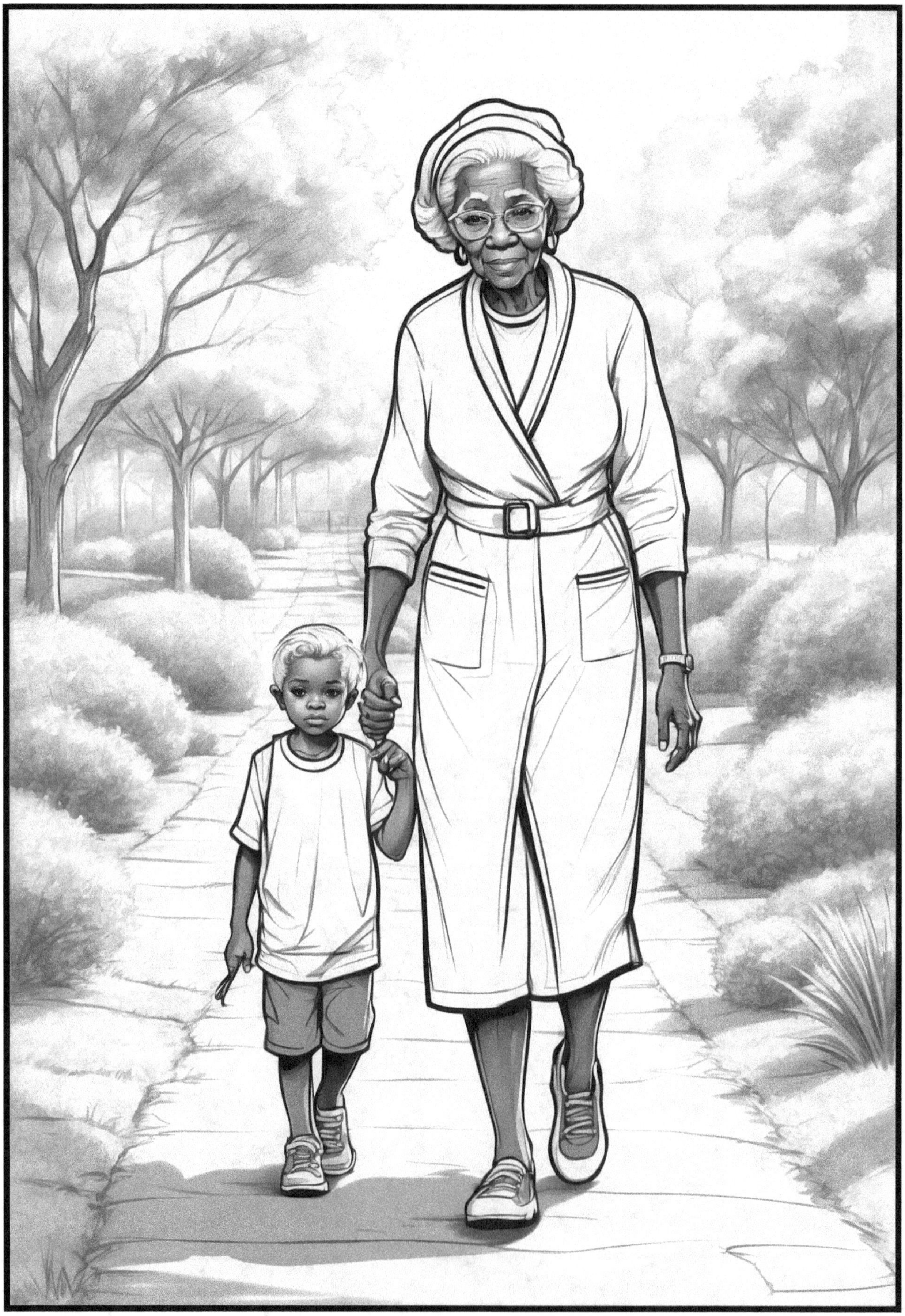

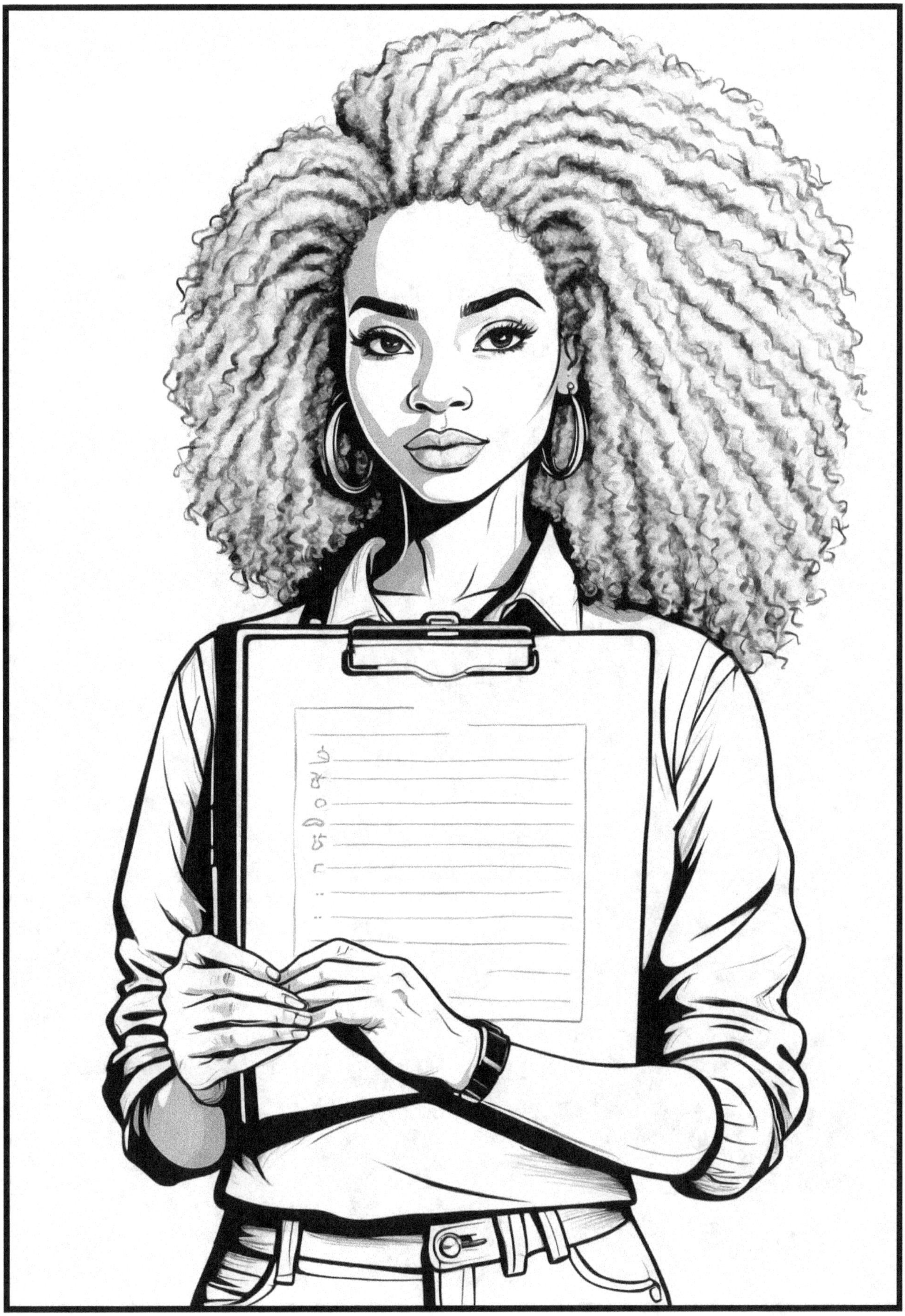

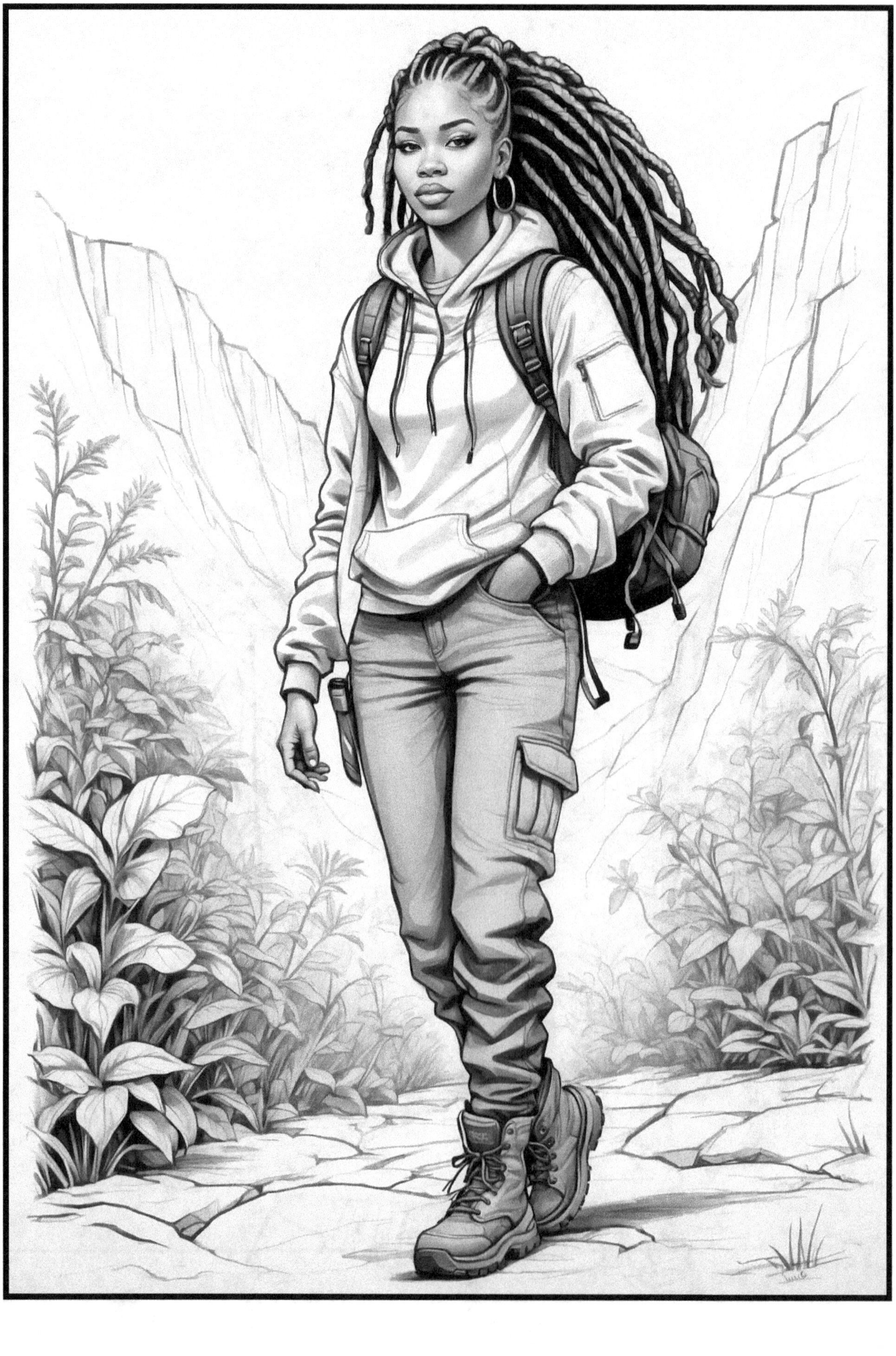

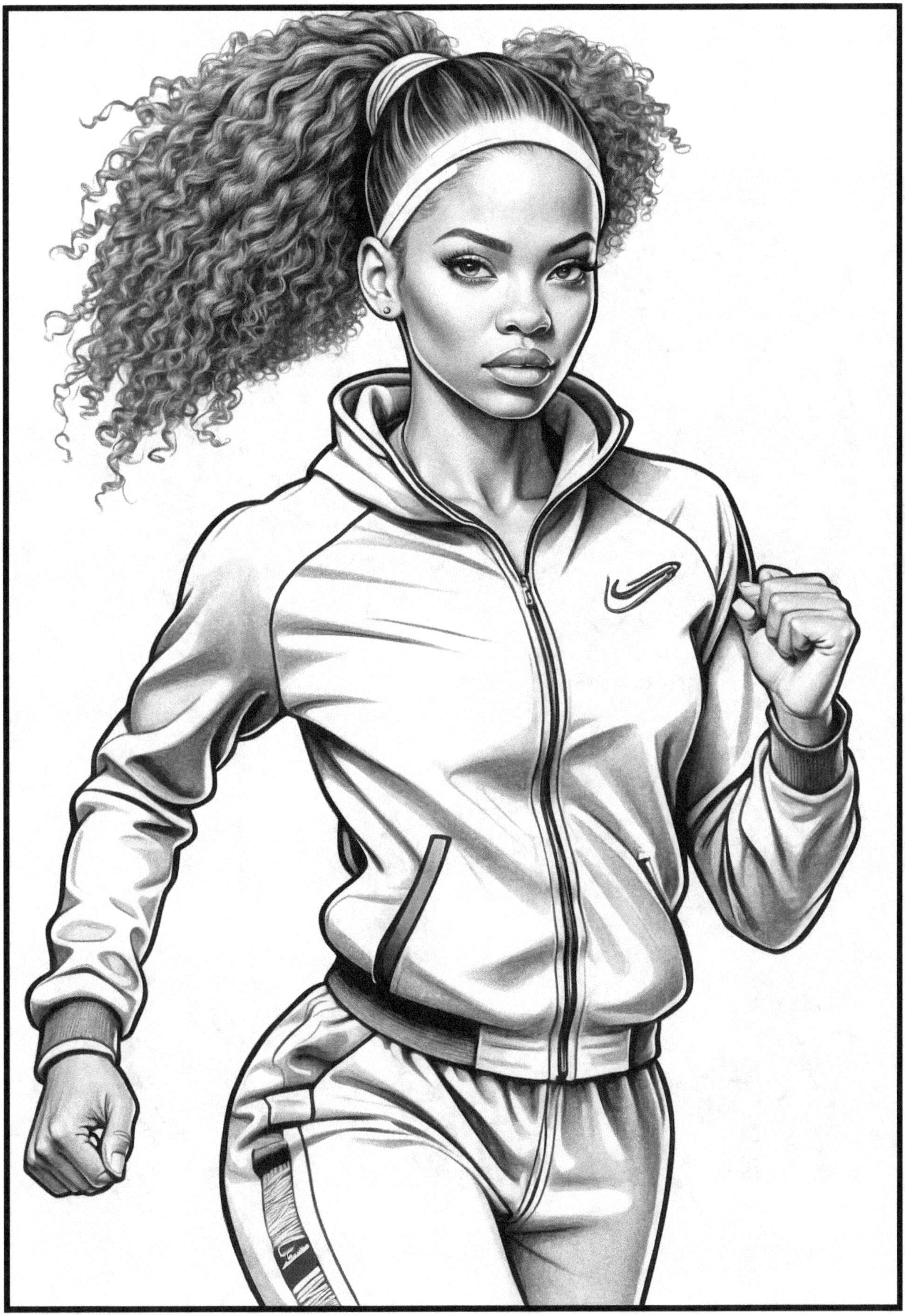

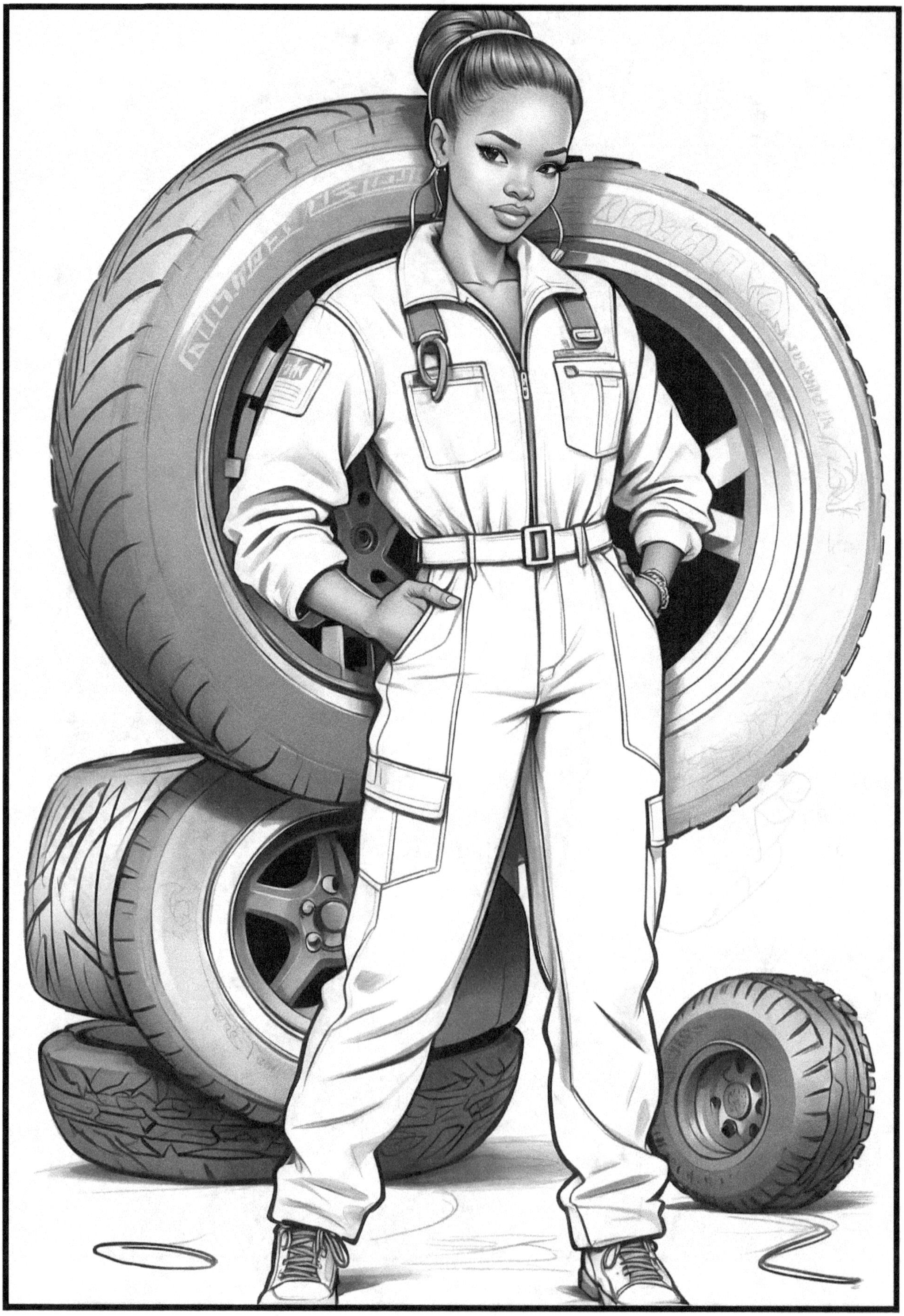

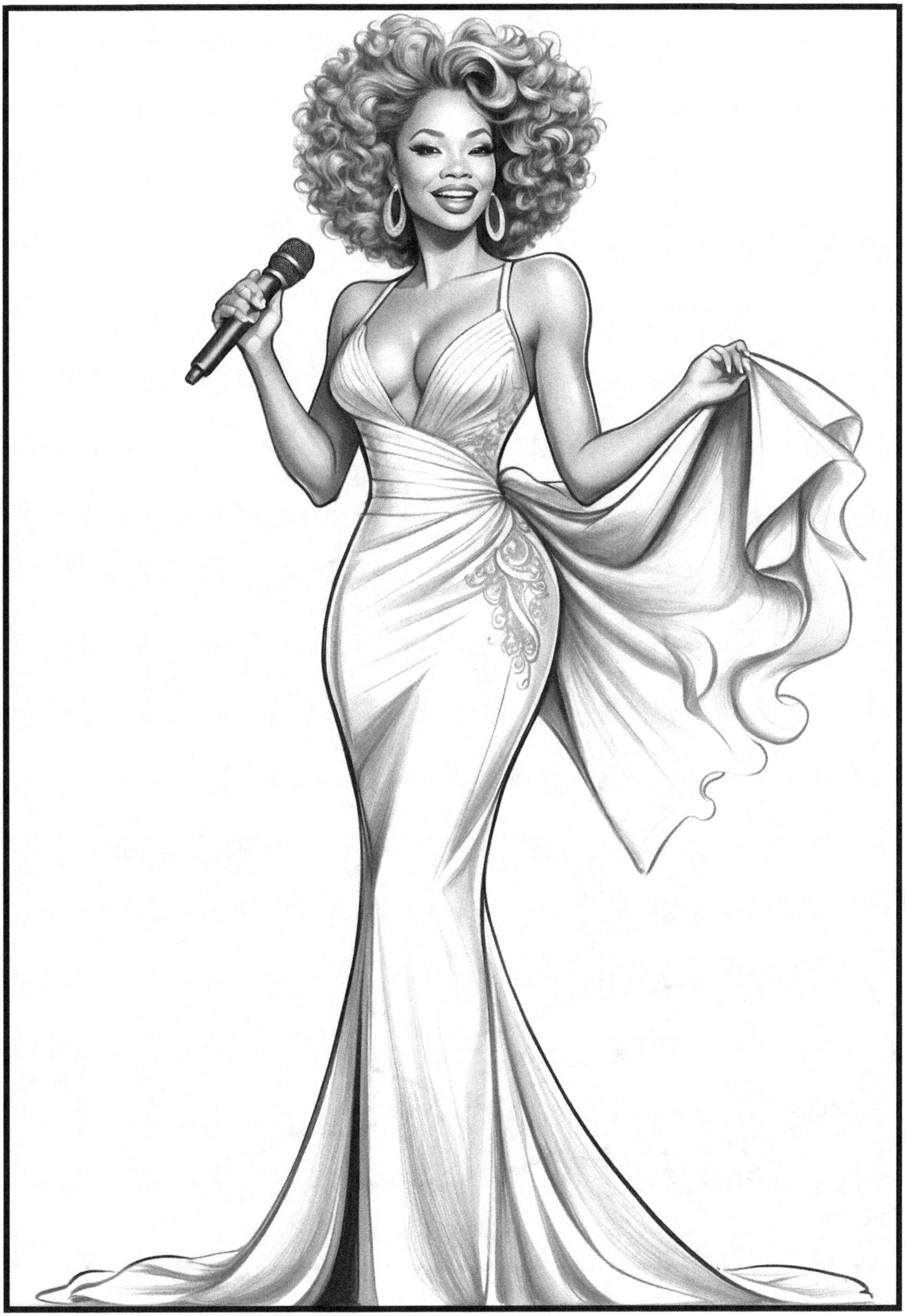

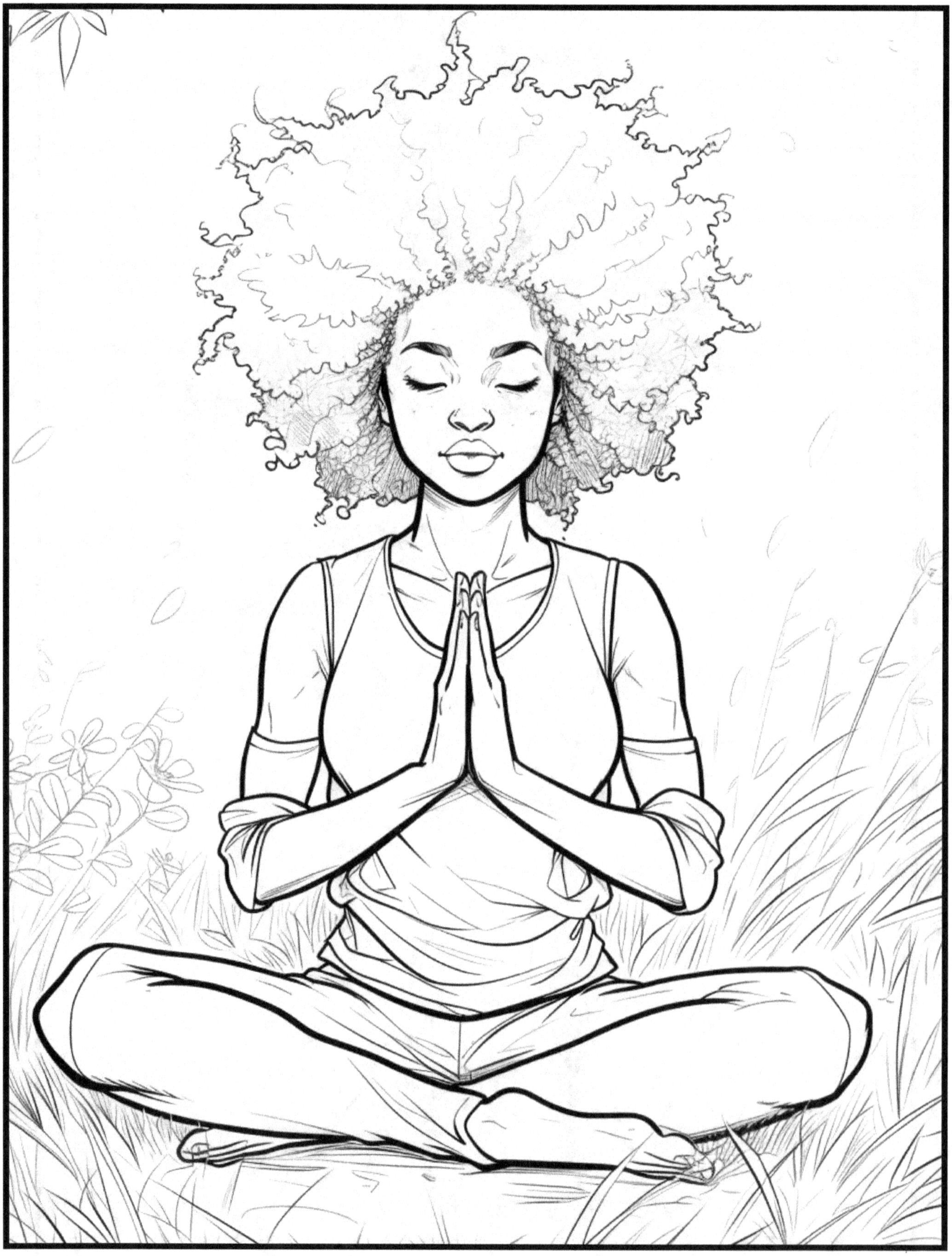

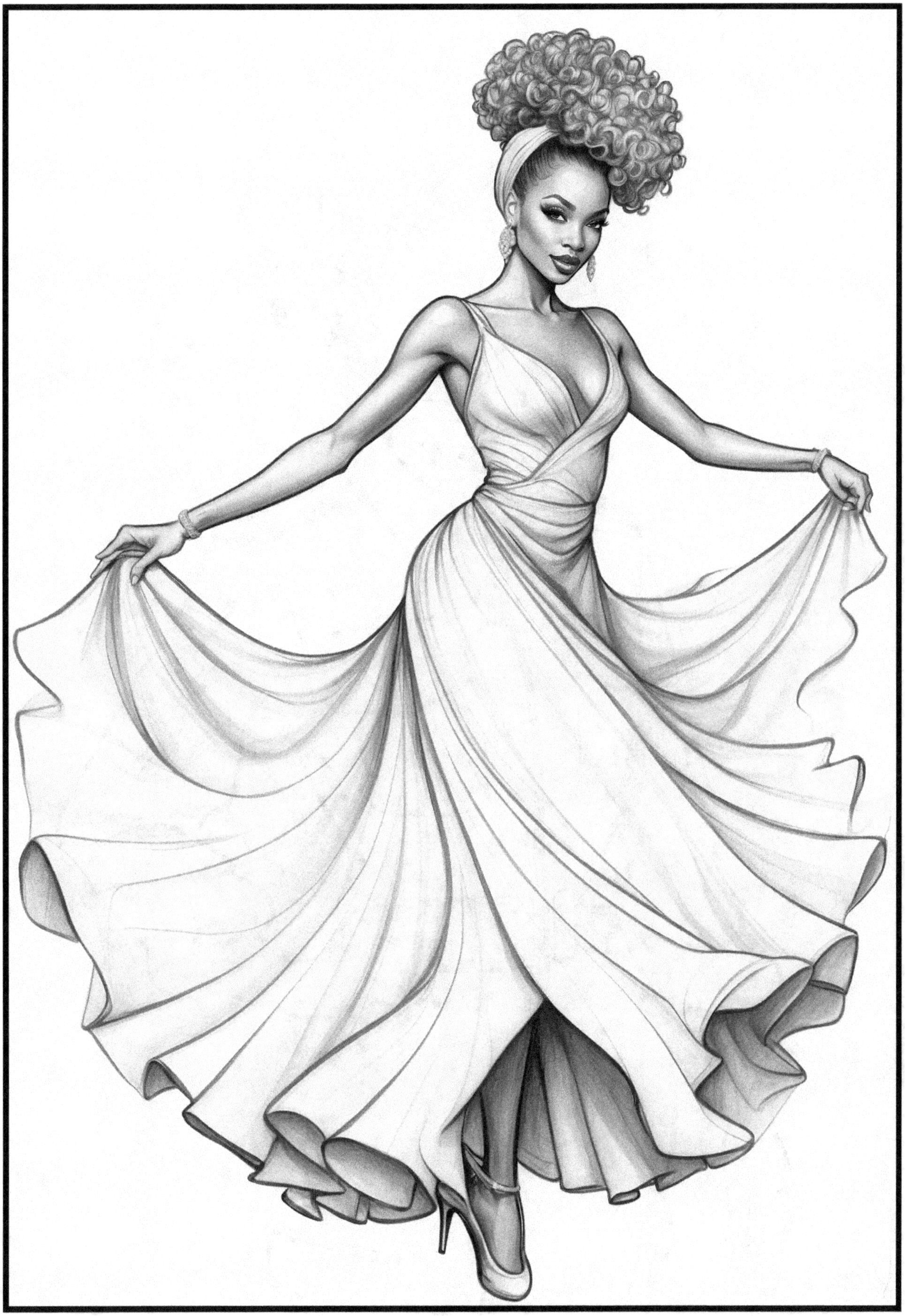

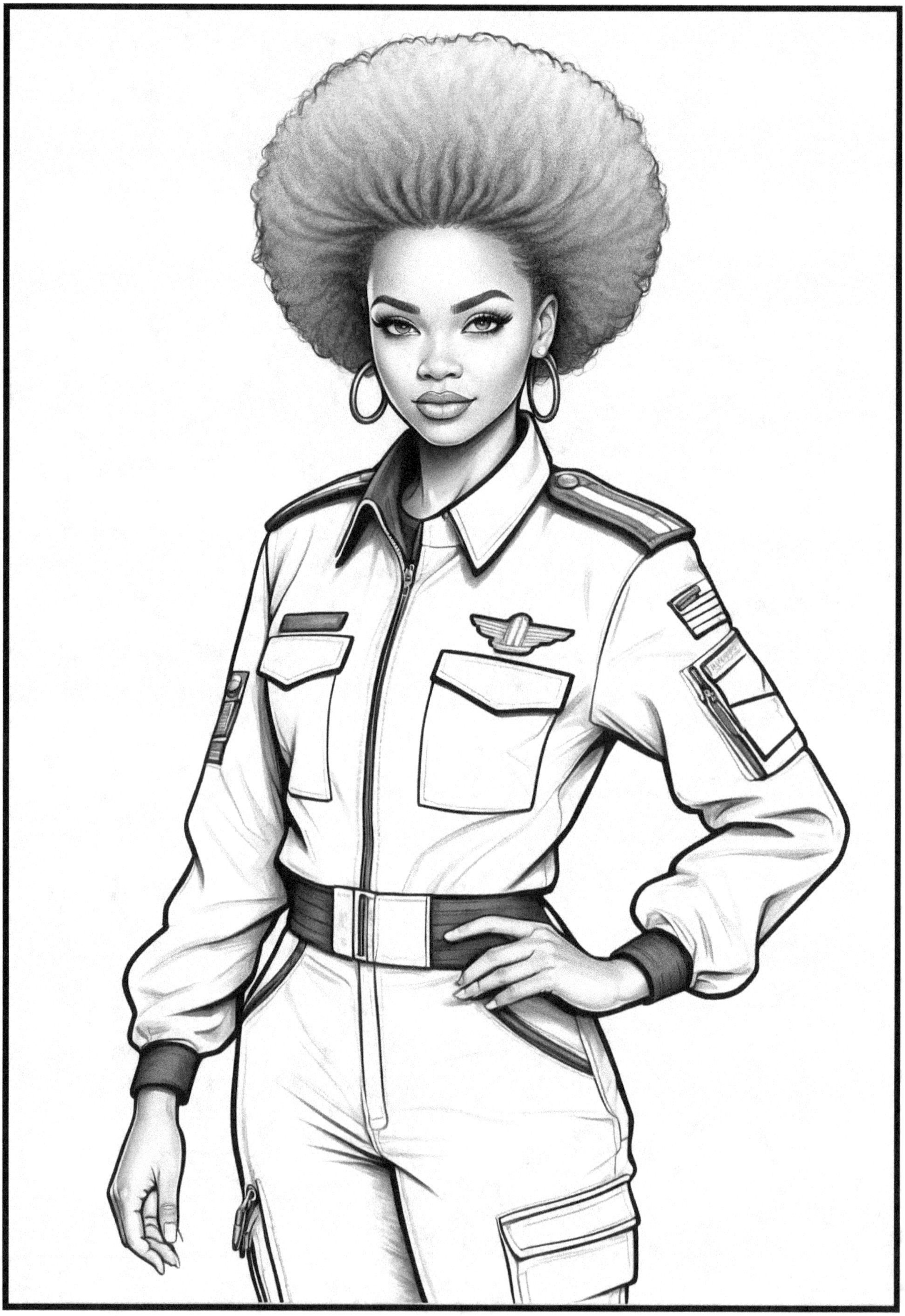

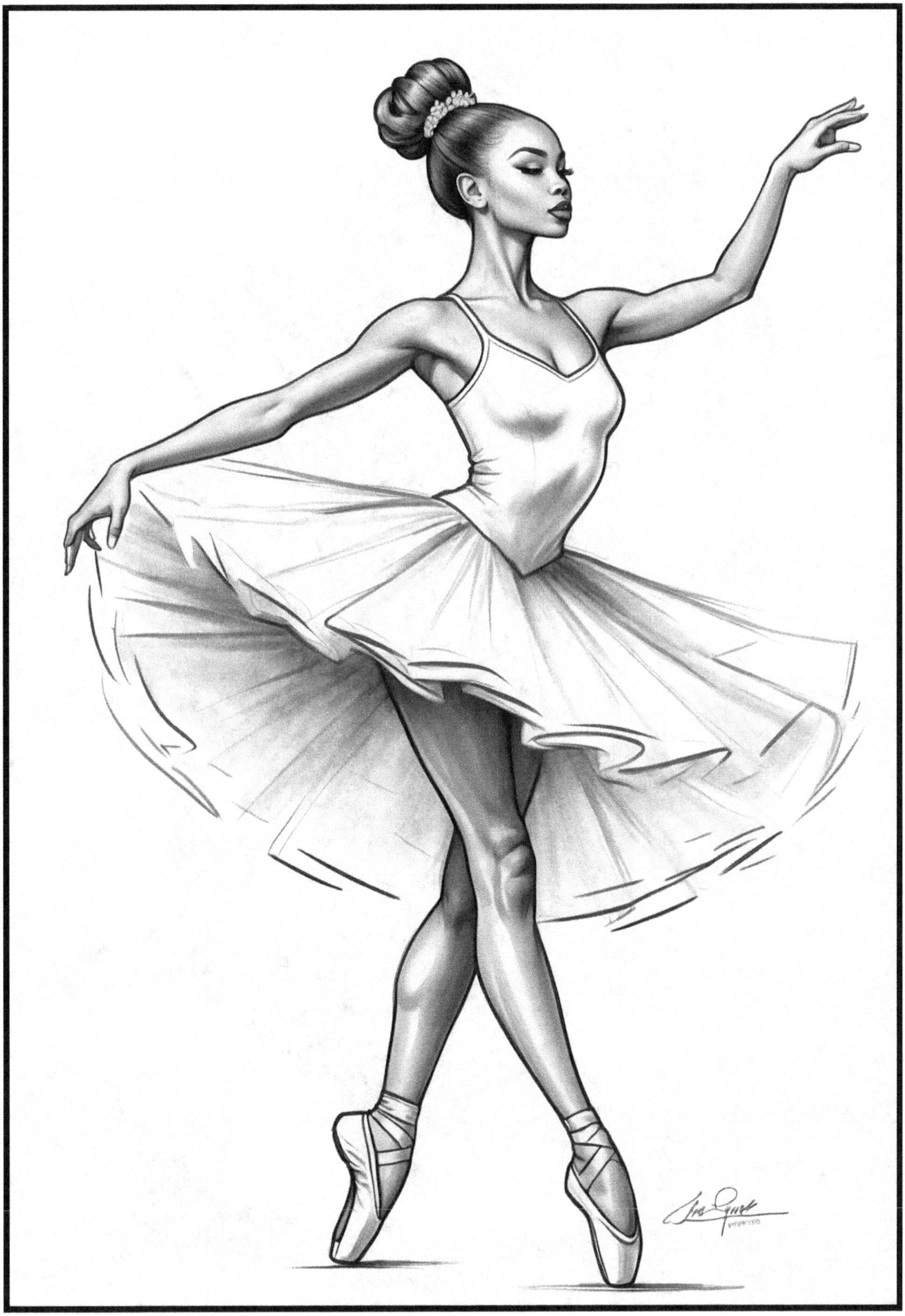

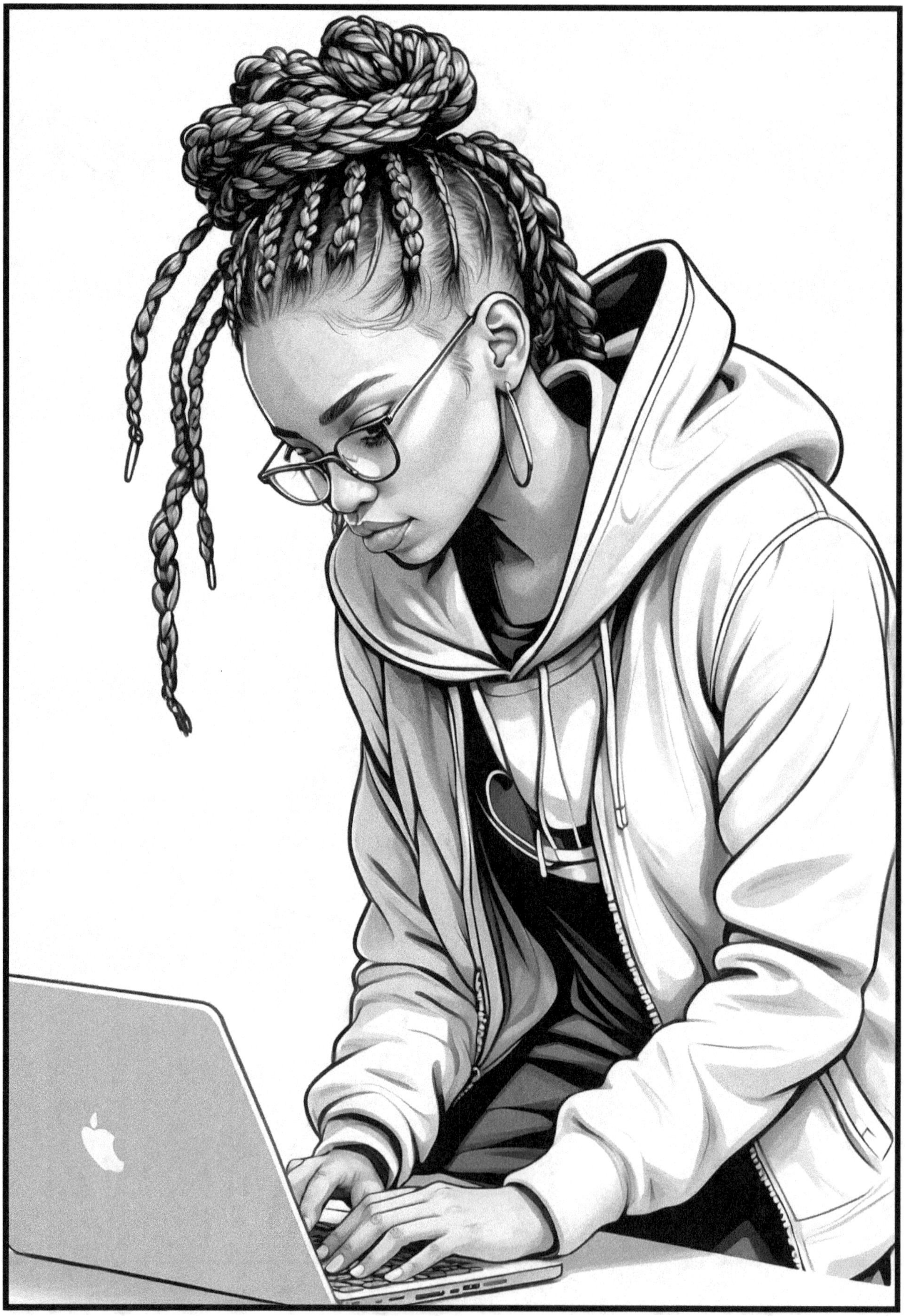

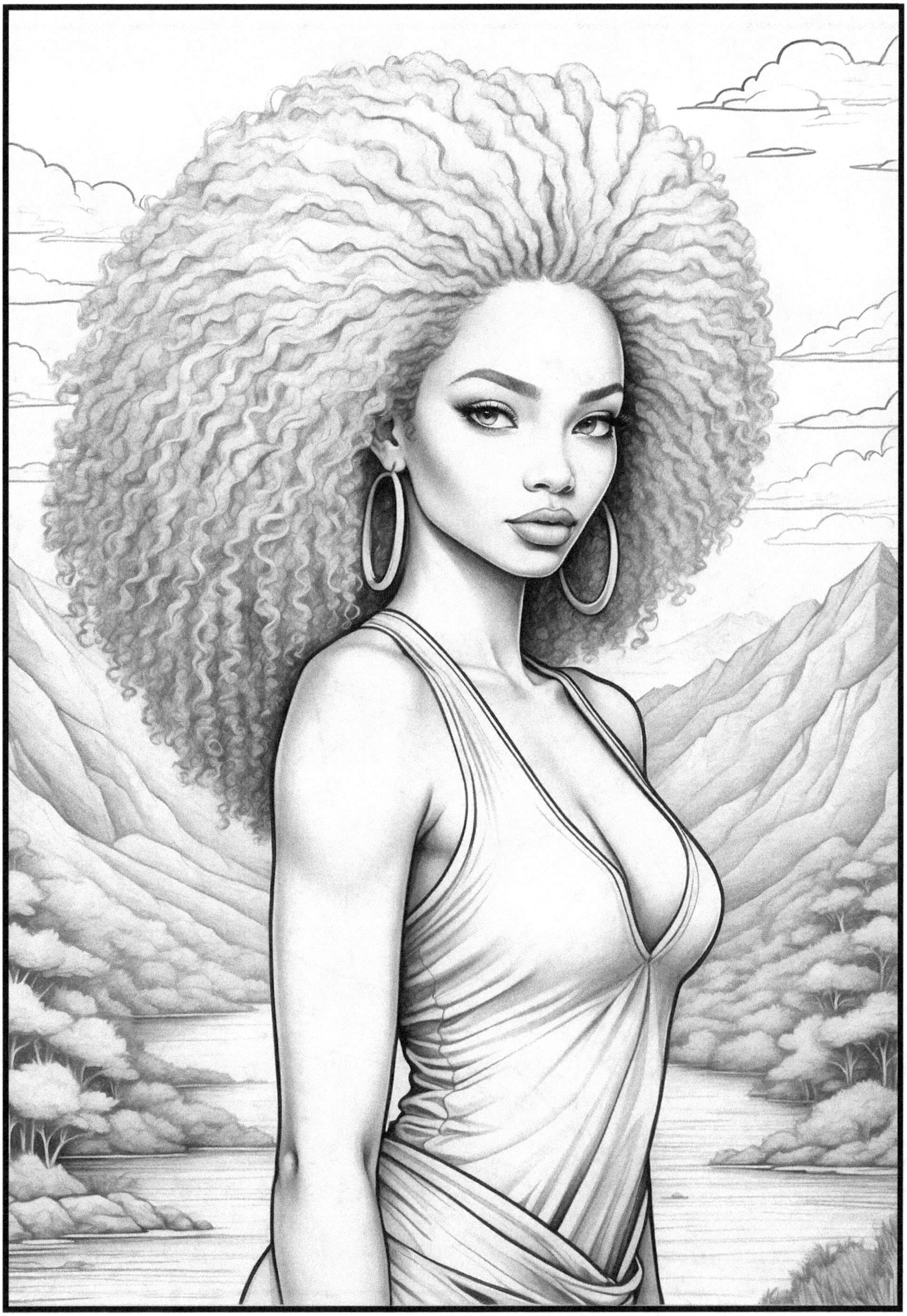

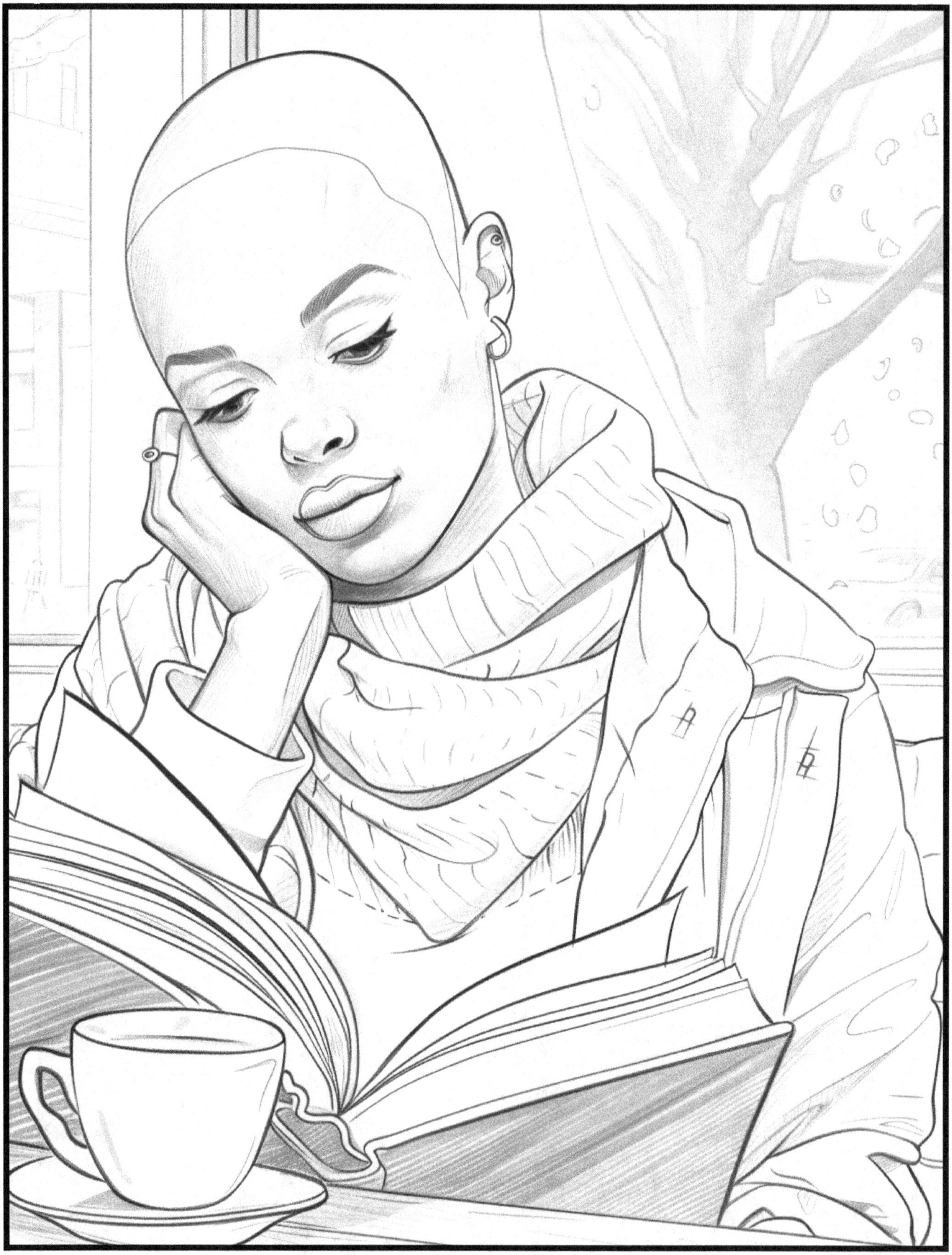

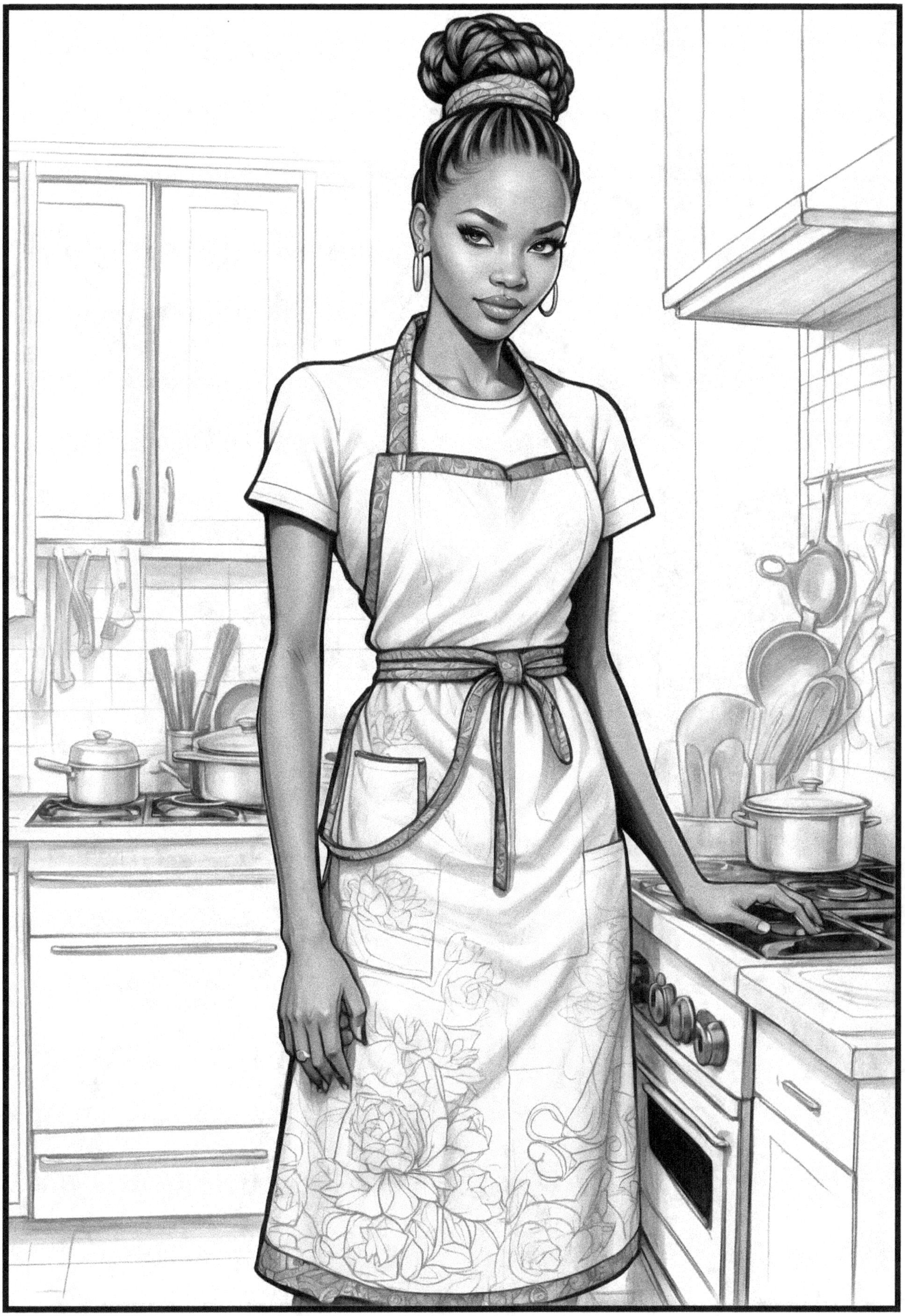

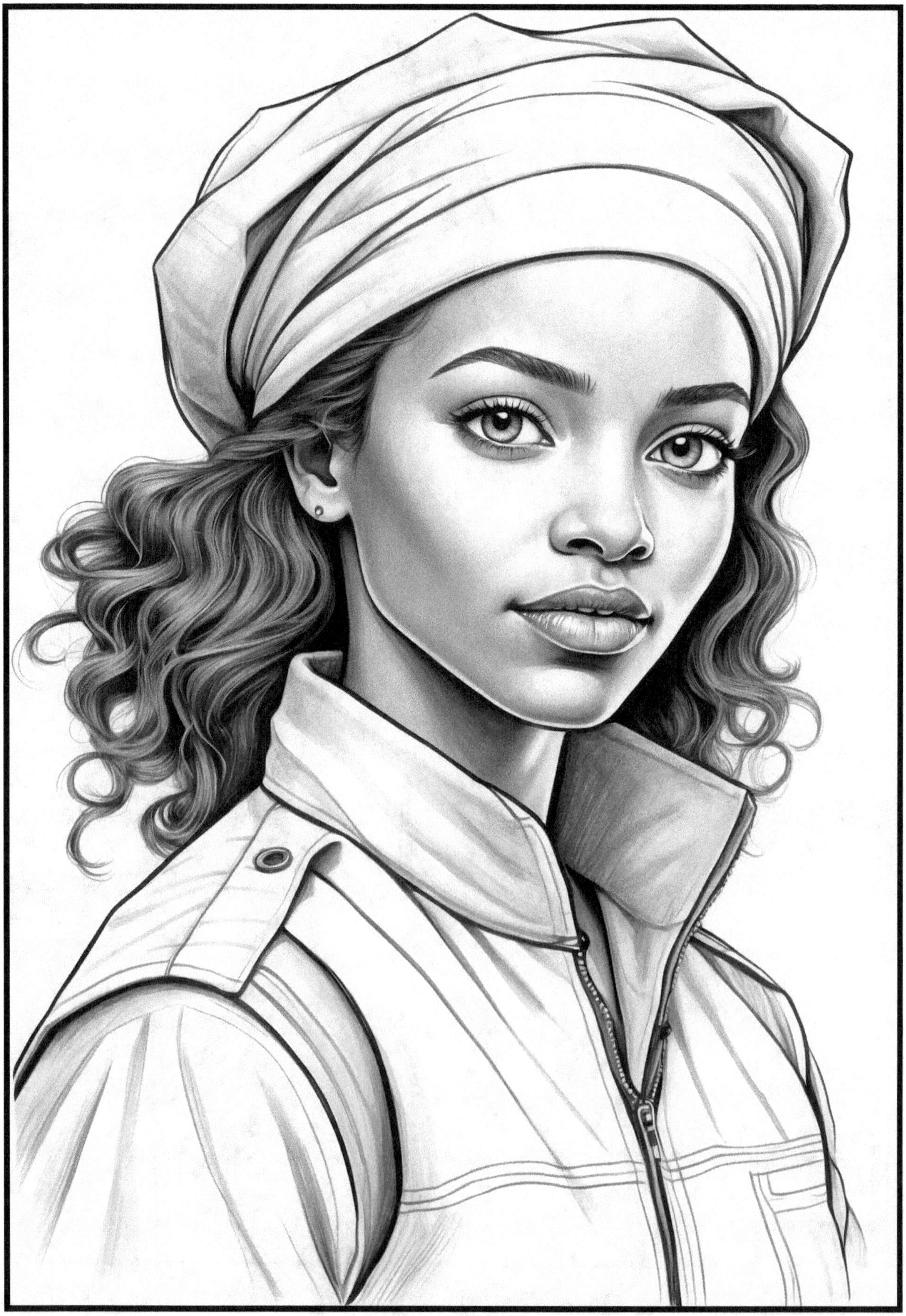

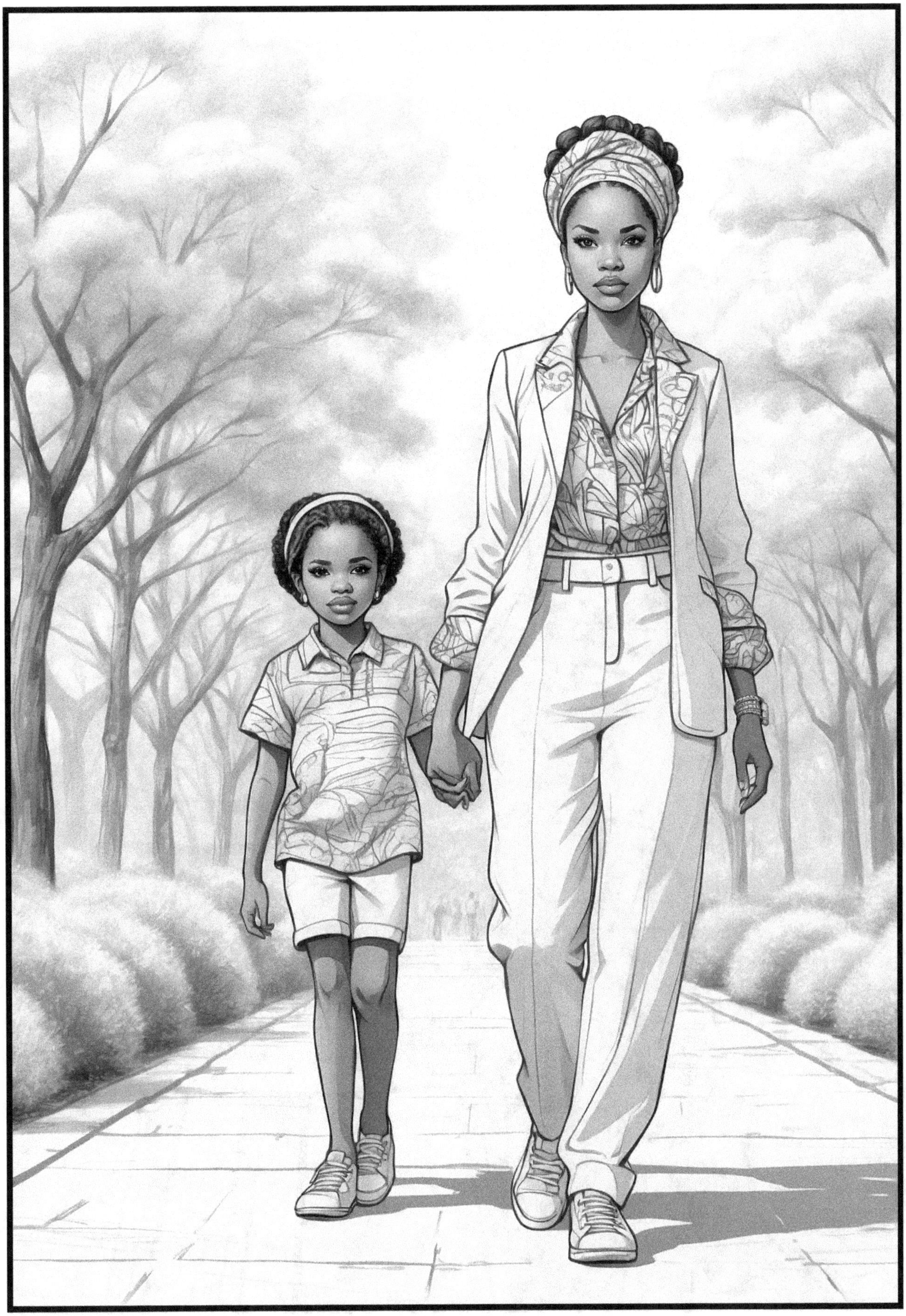

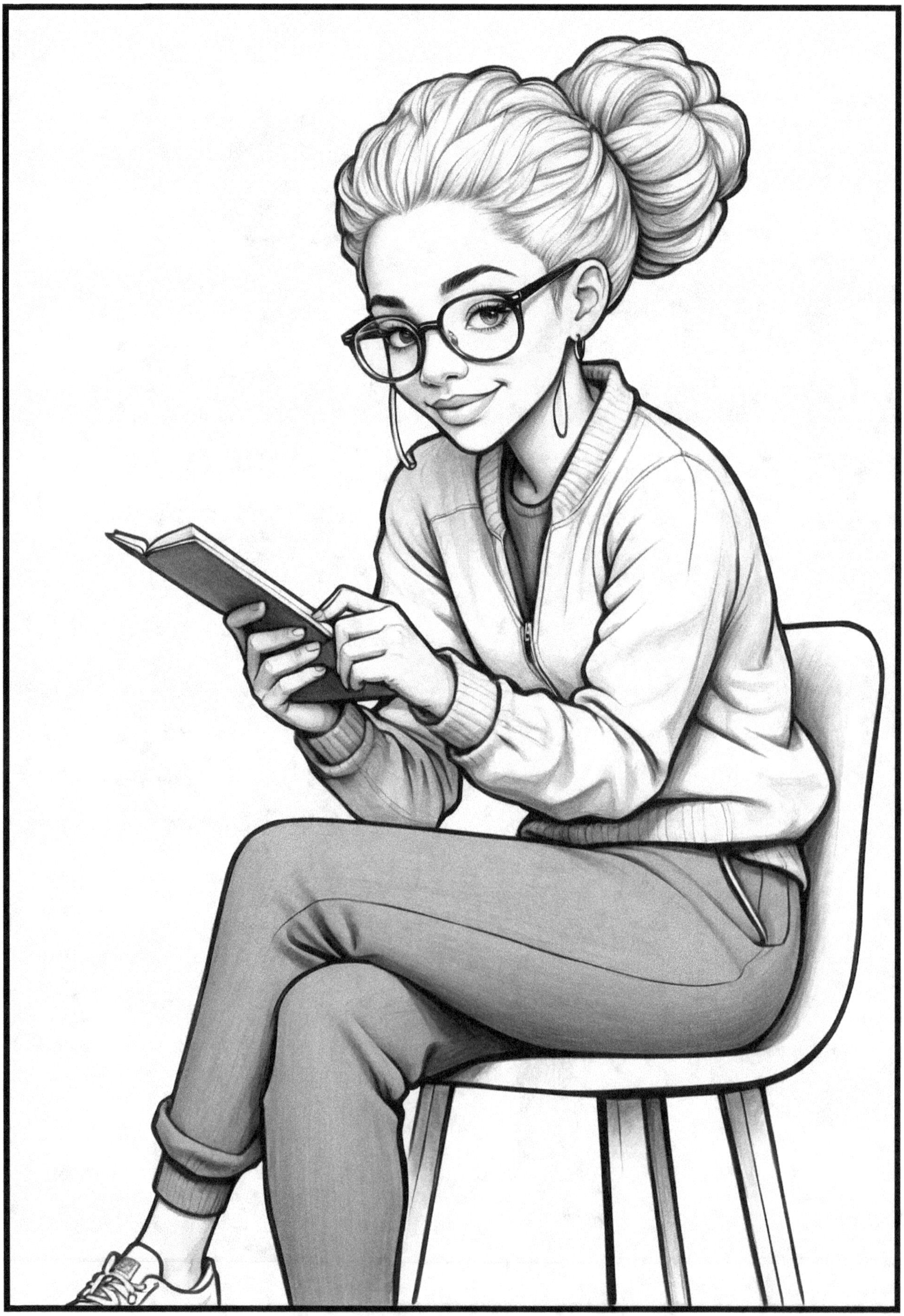

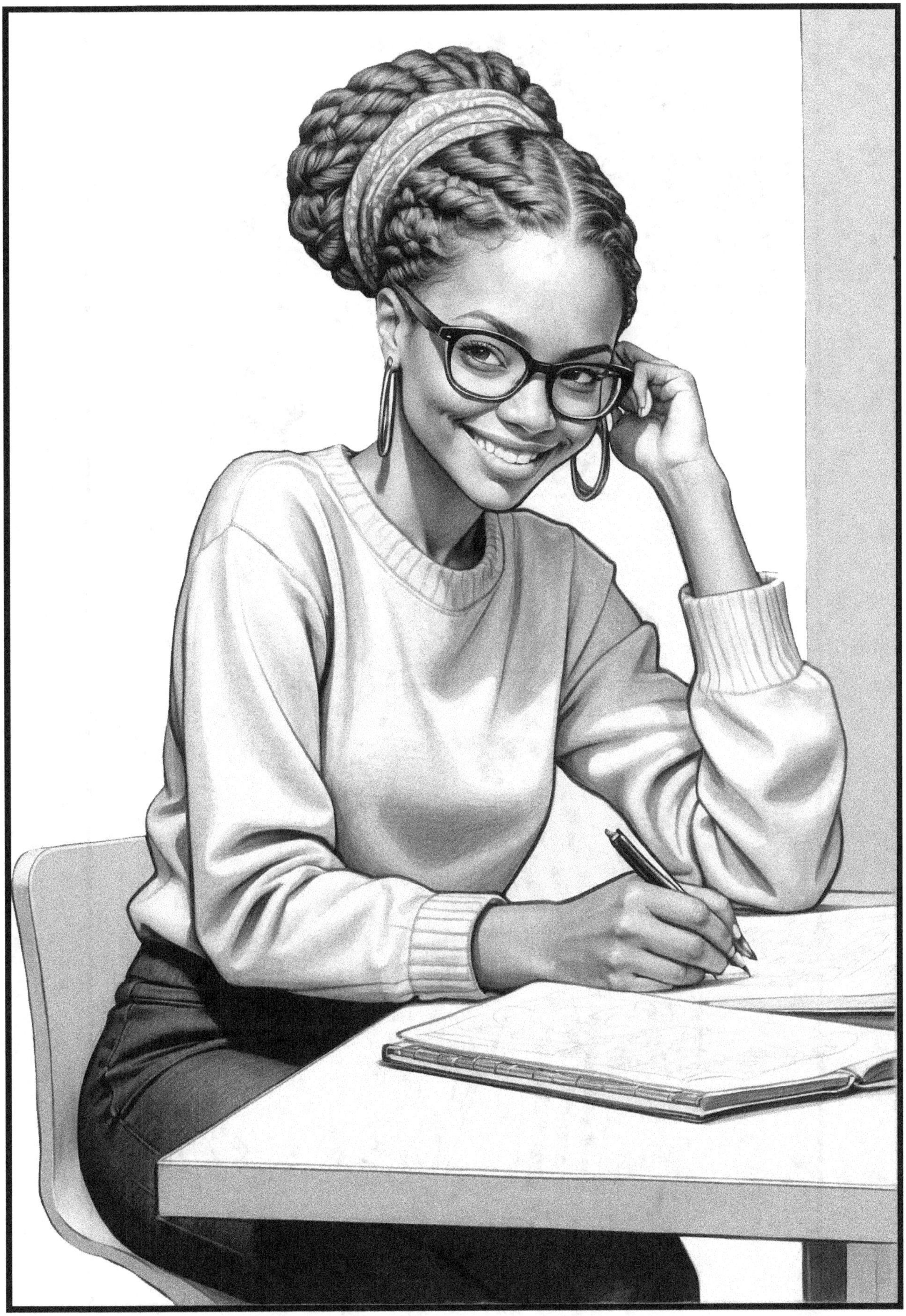

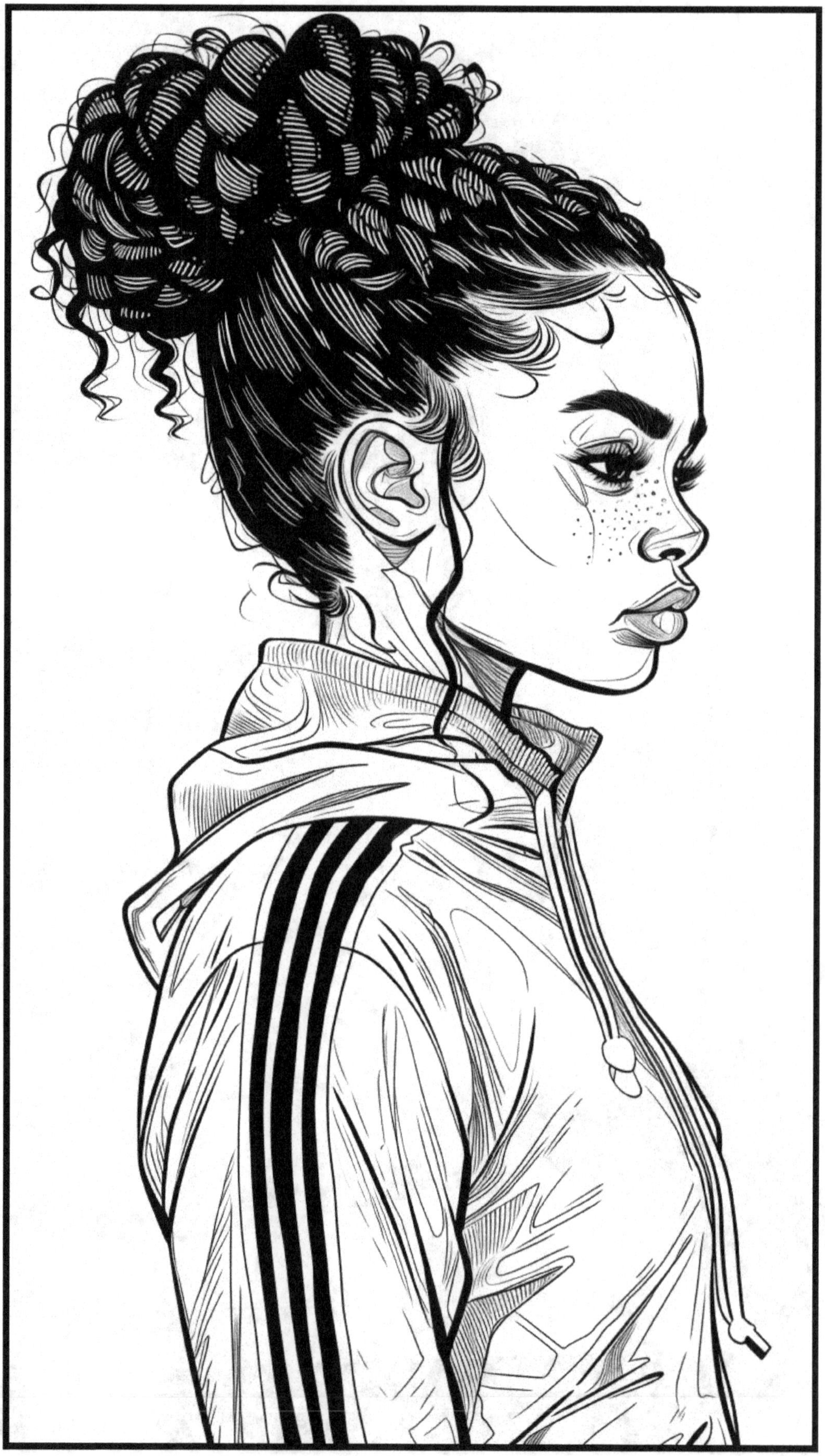

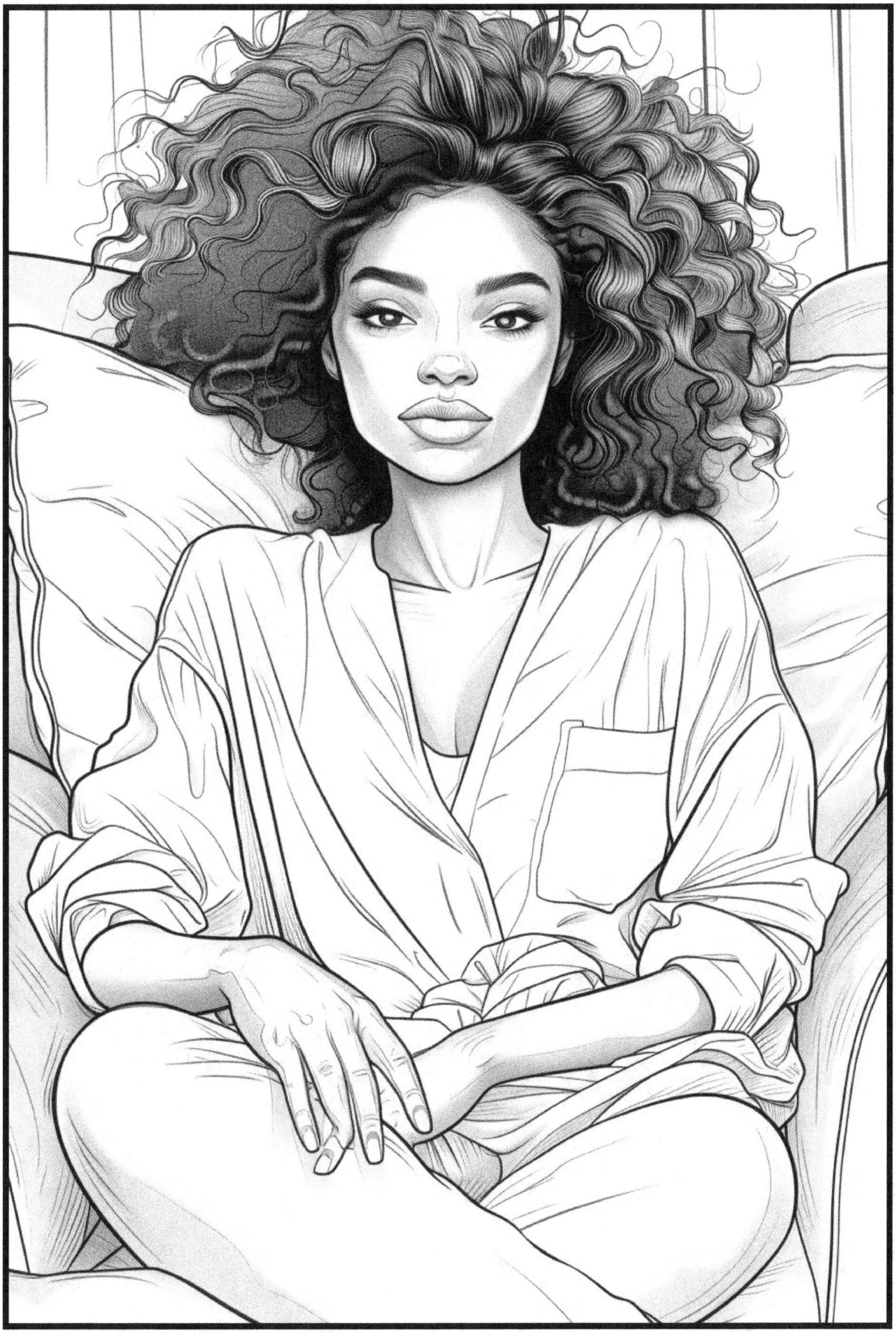

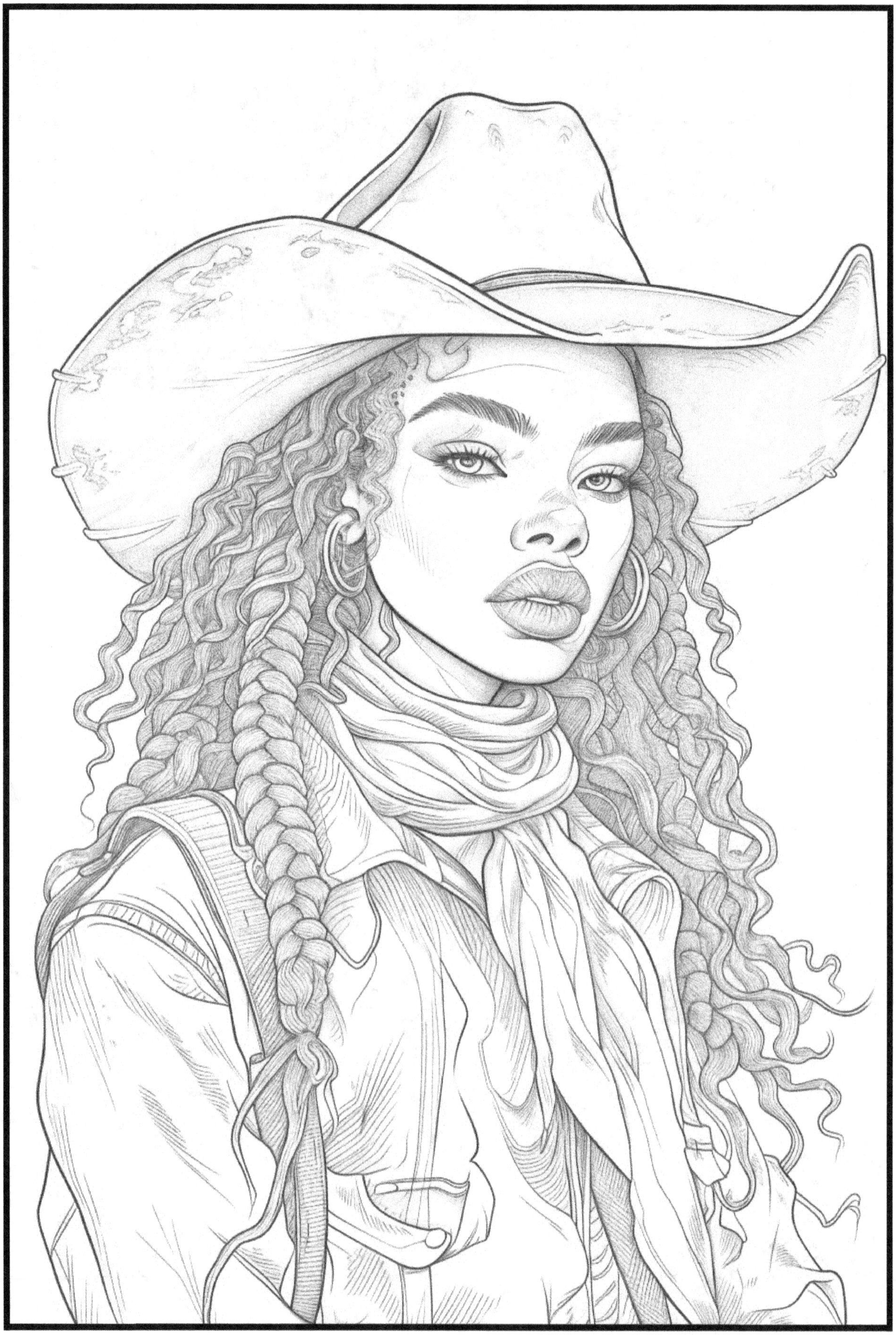

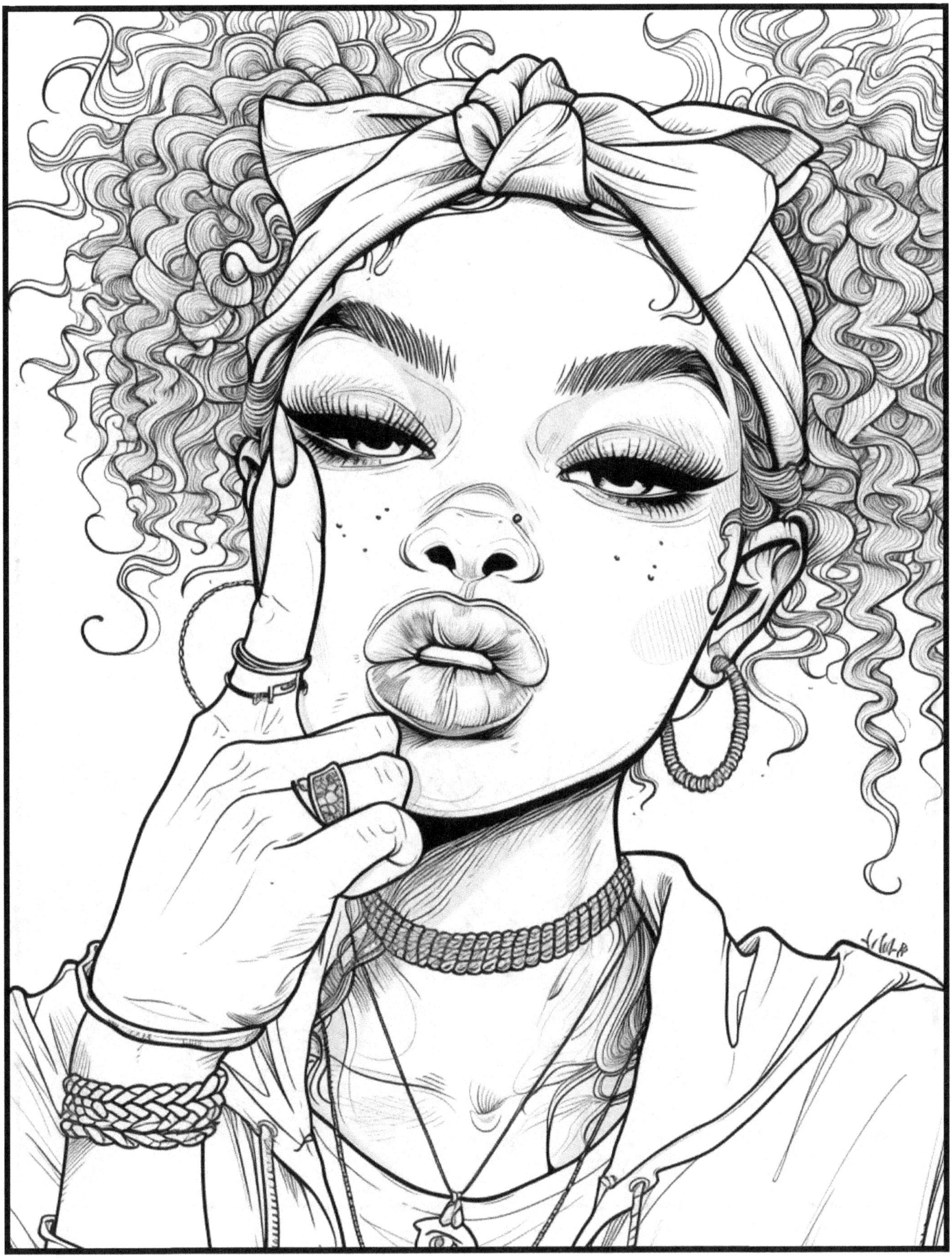

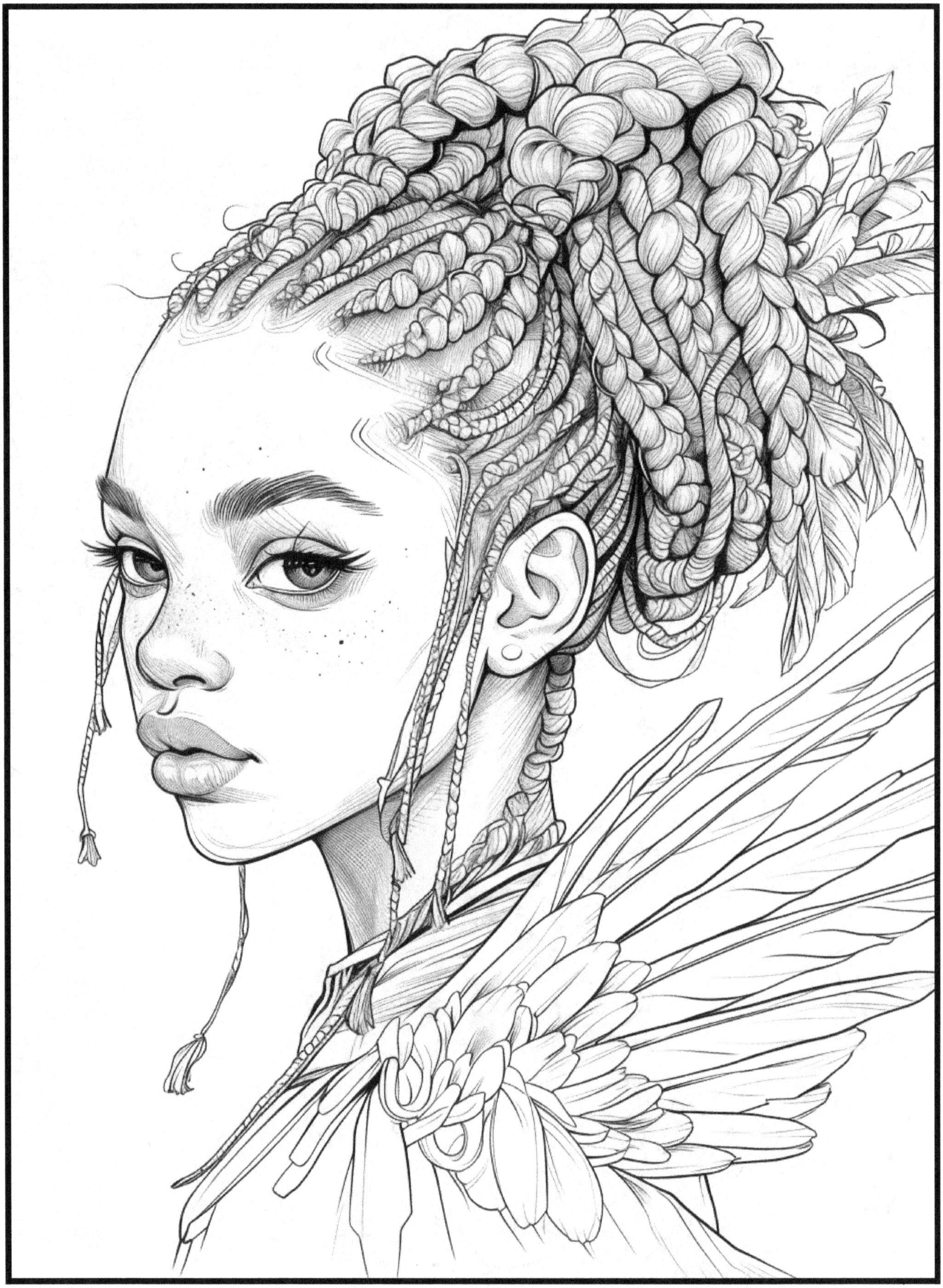

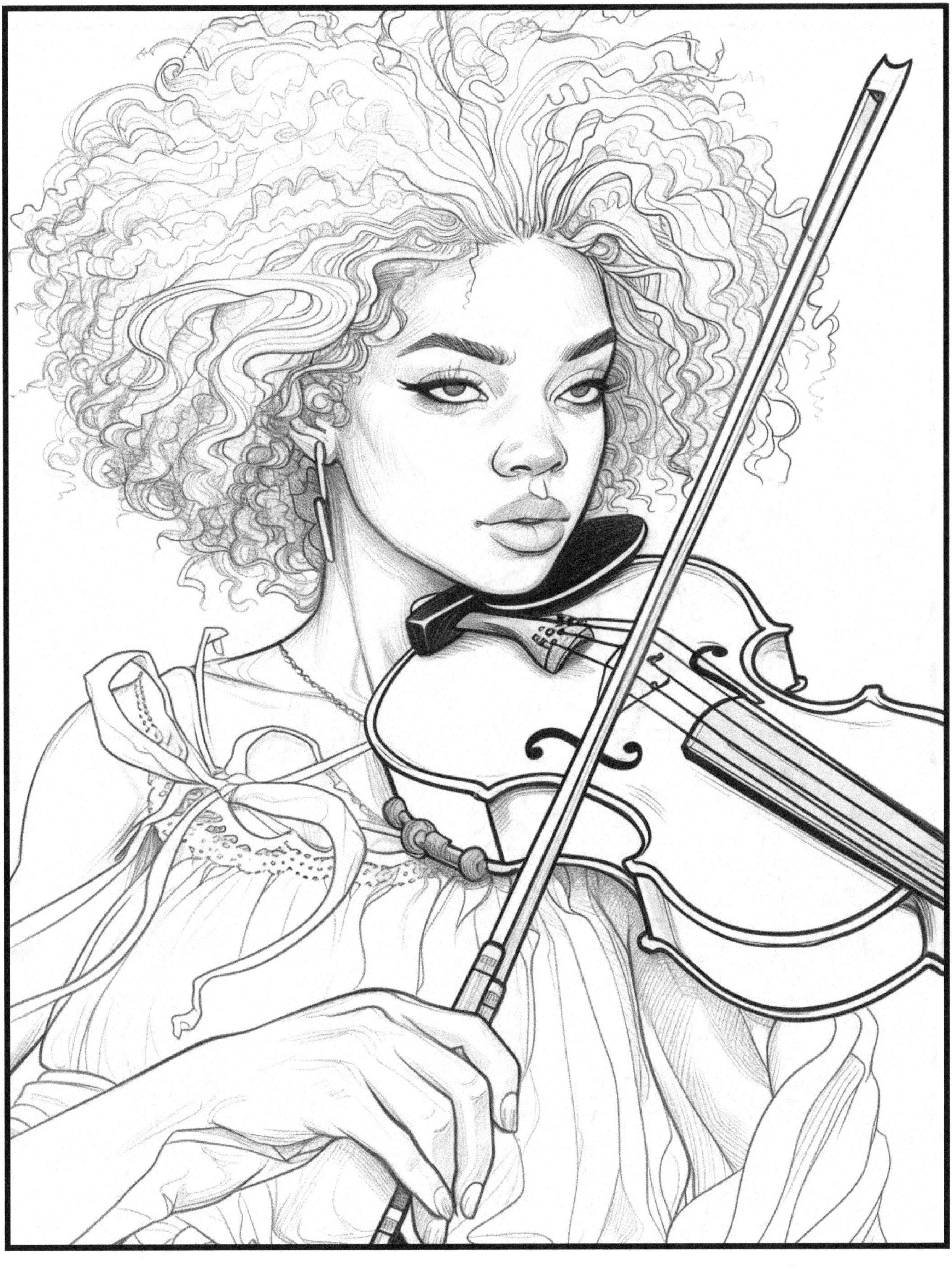

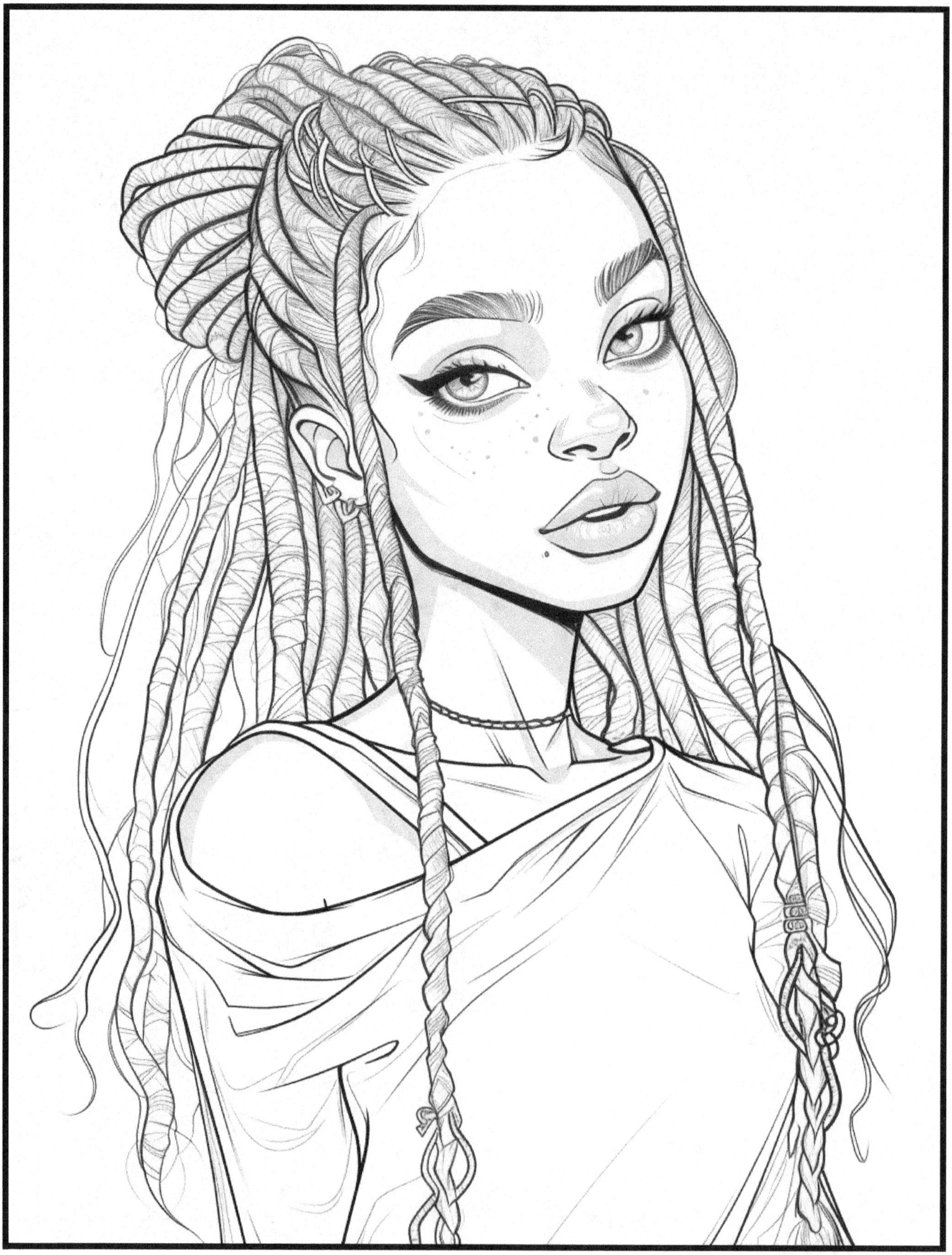

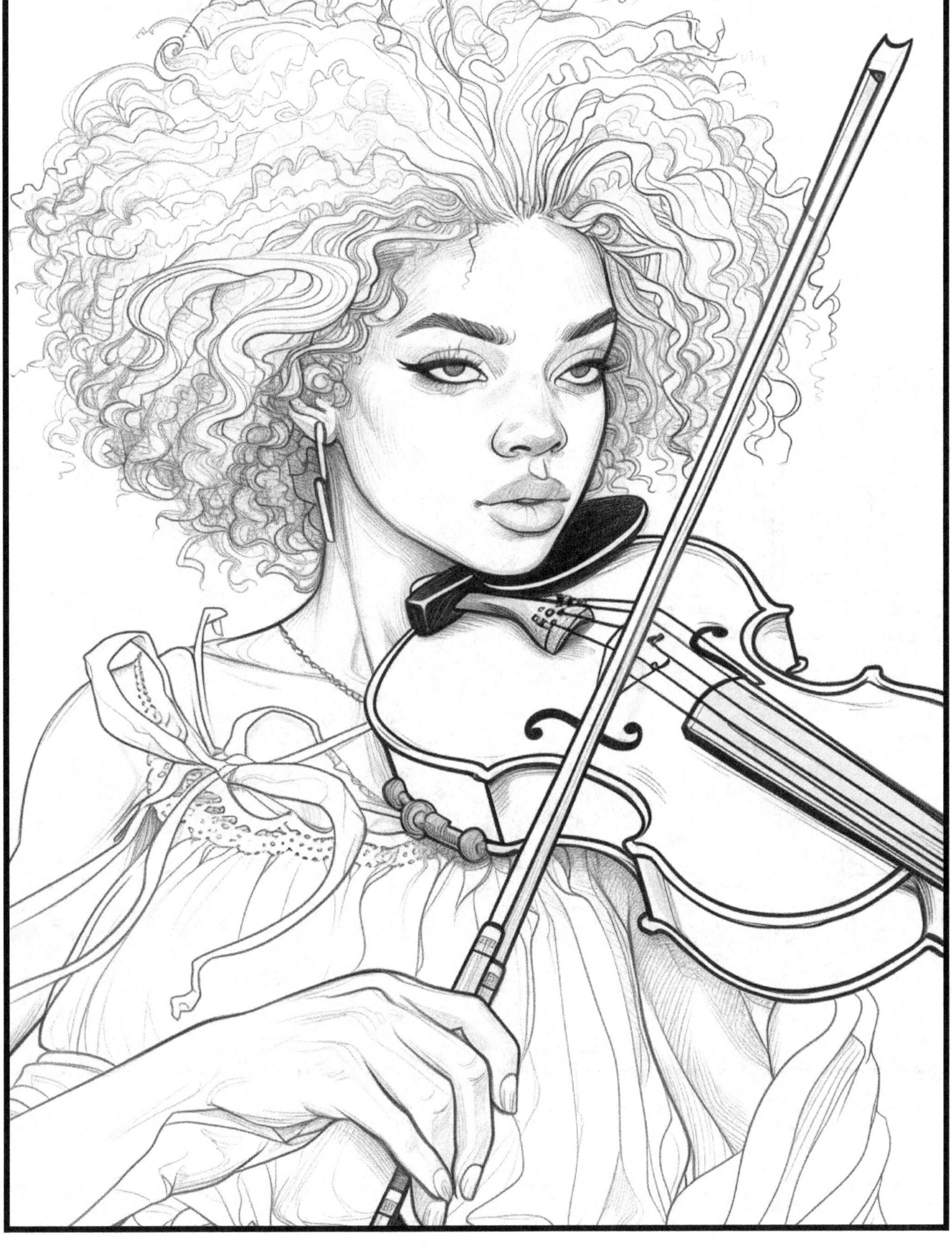

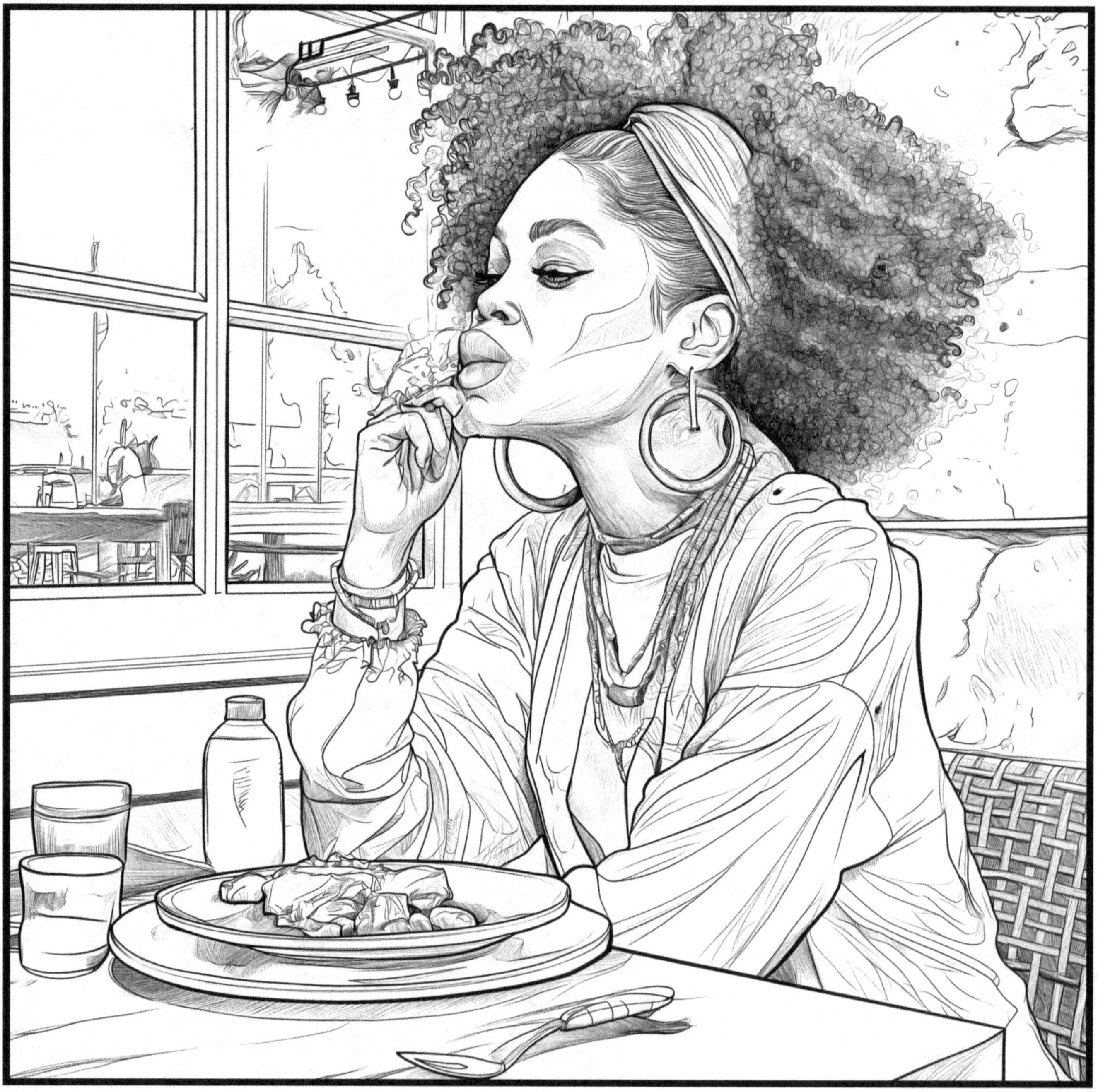

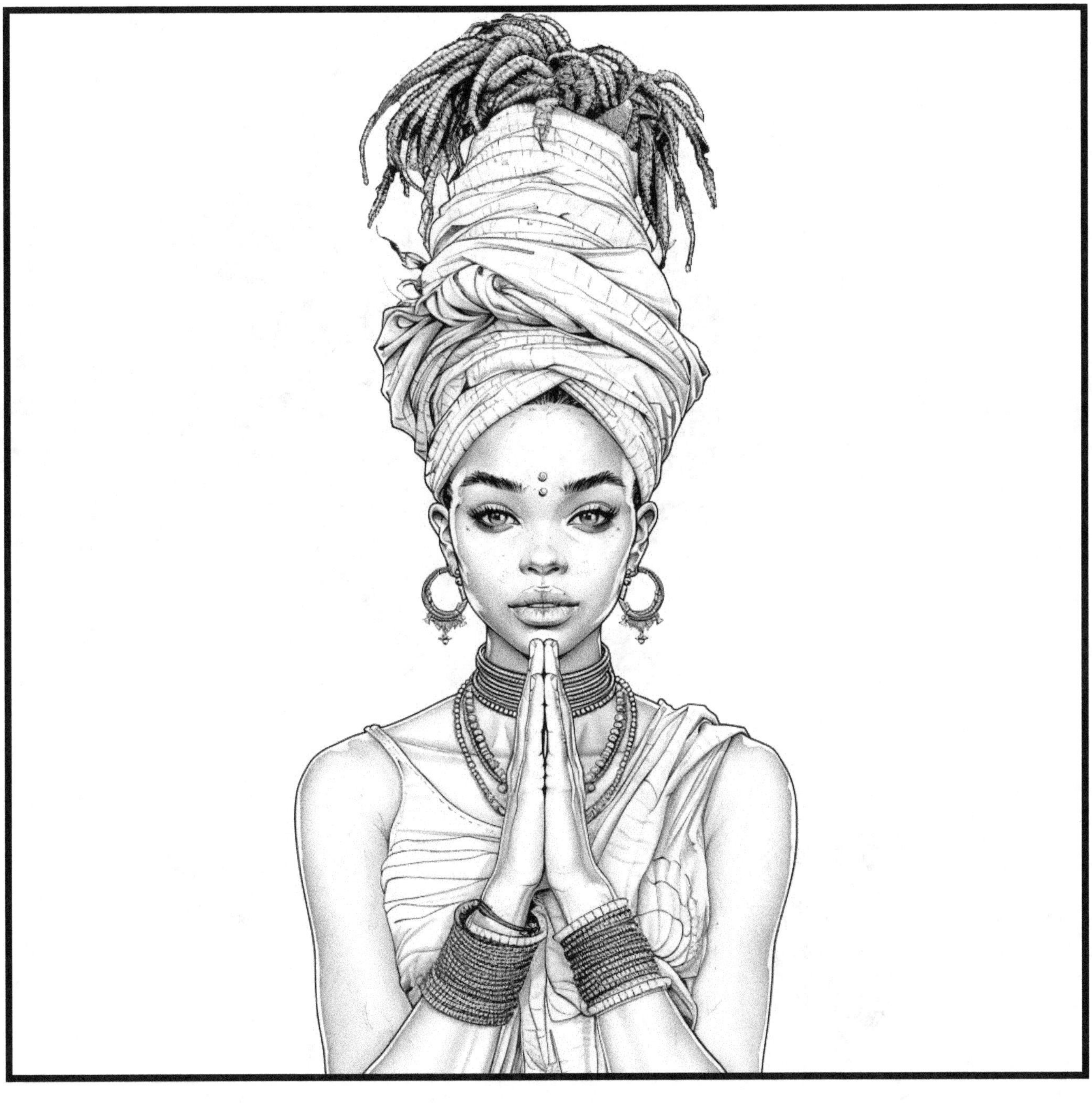

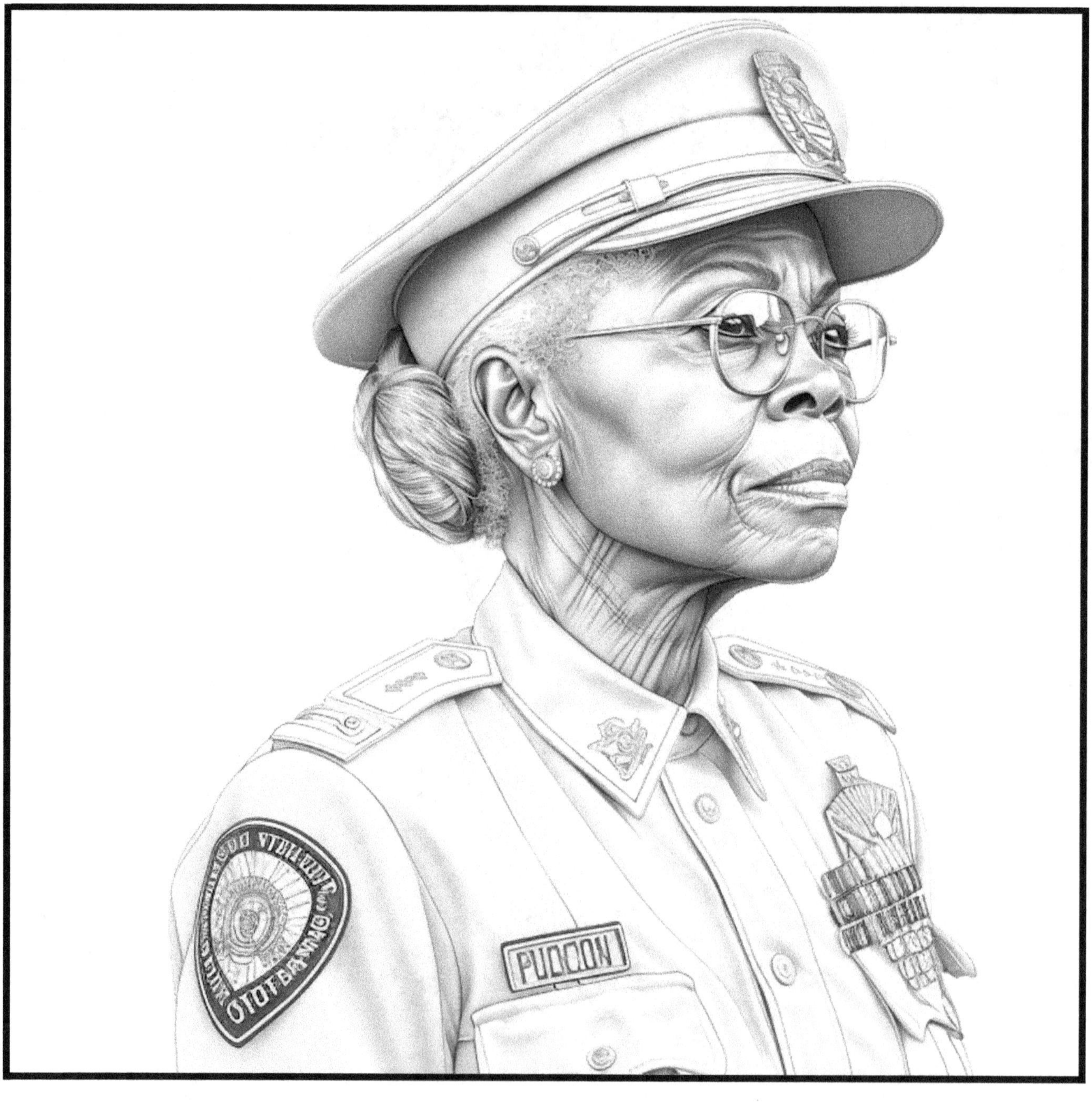
PUDOON

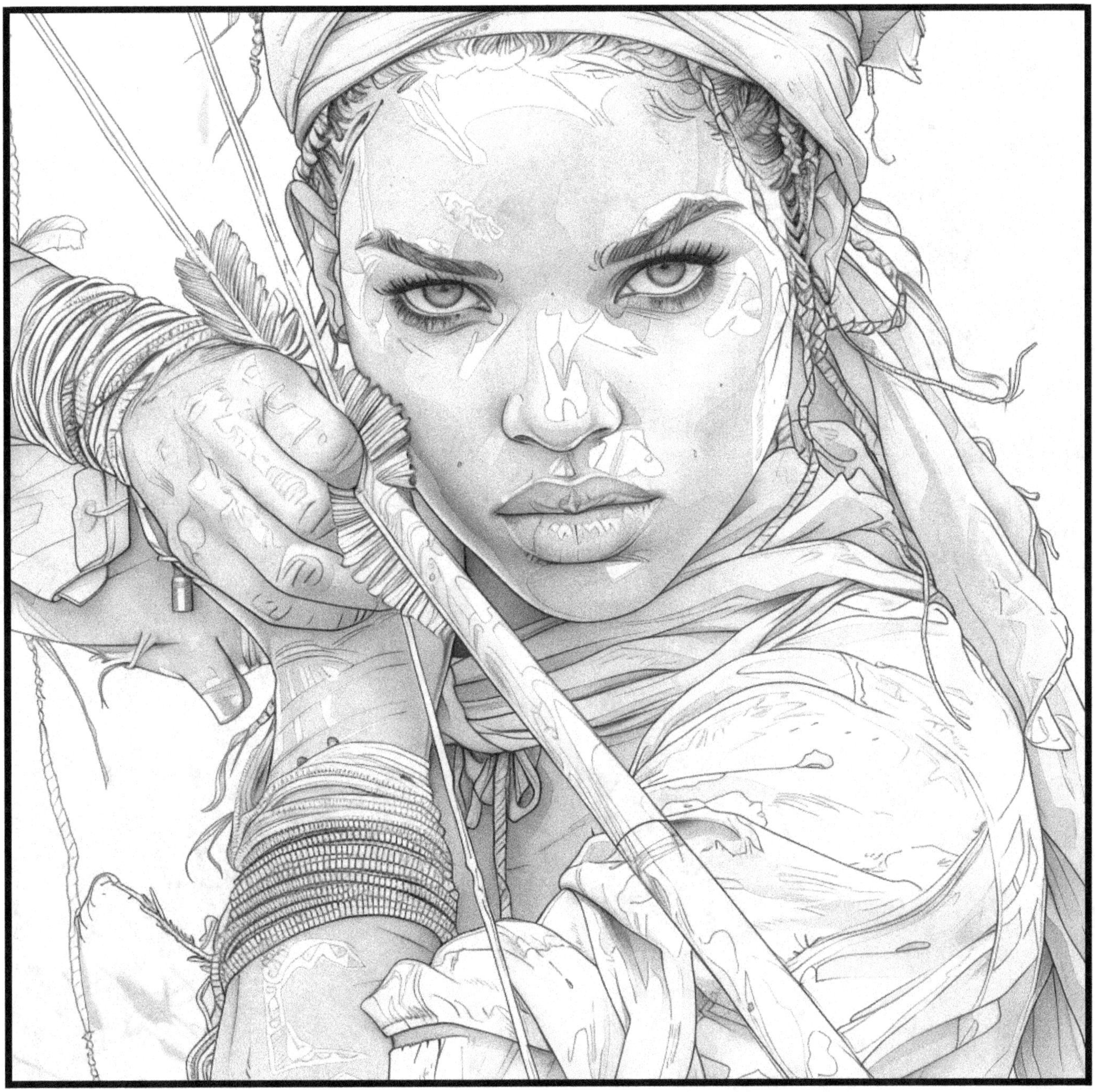

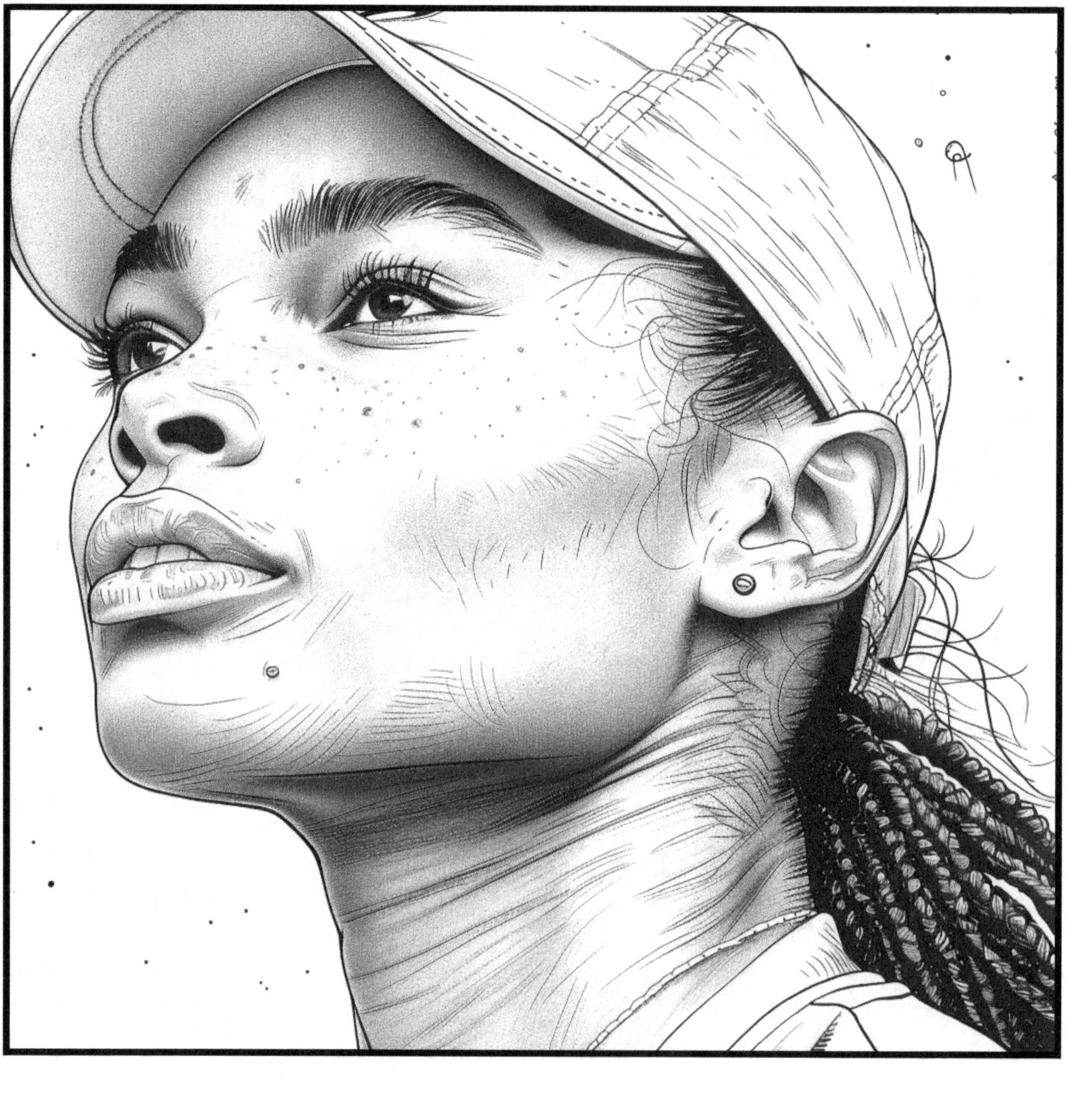

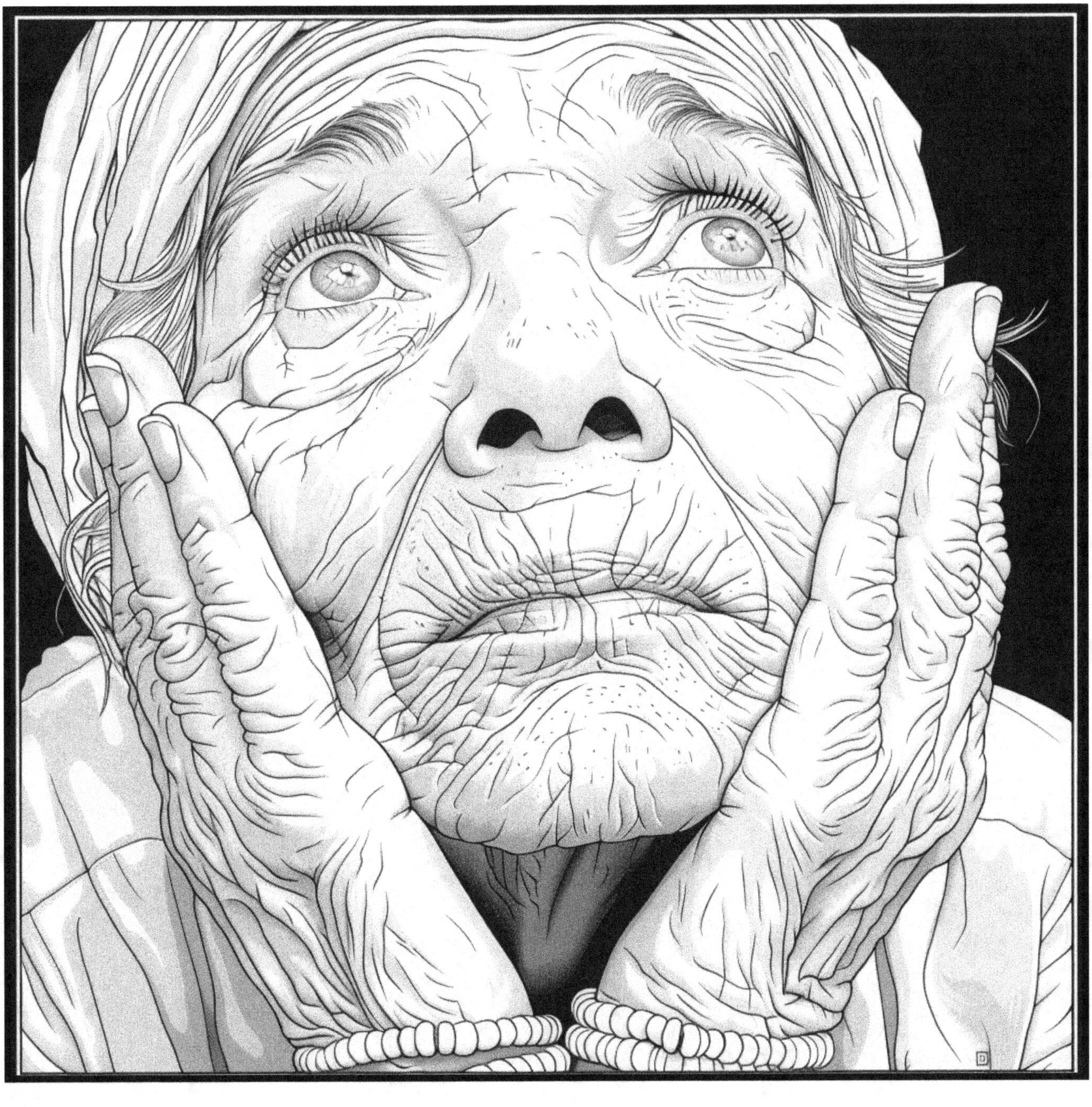

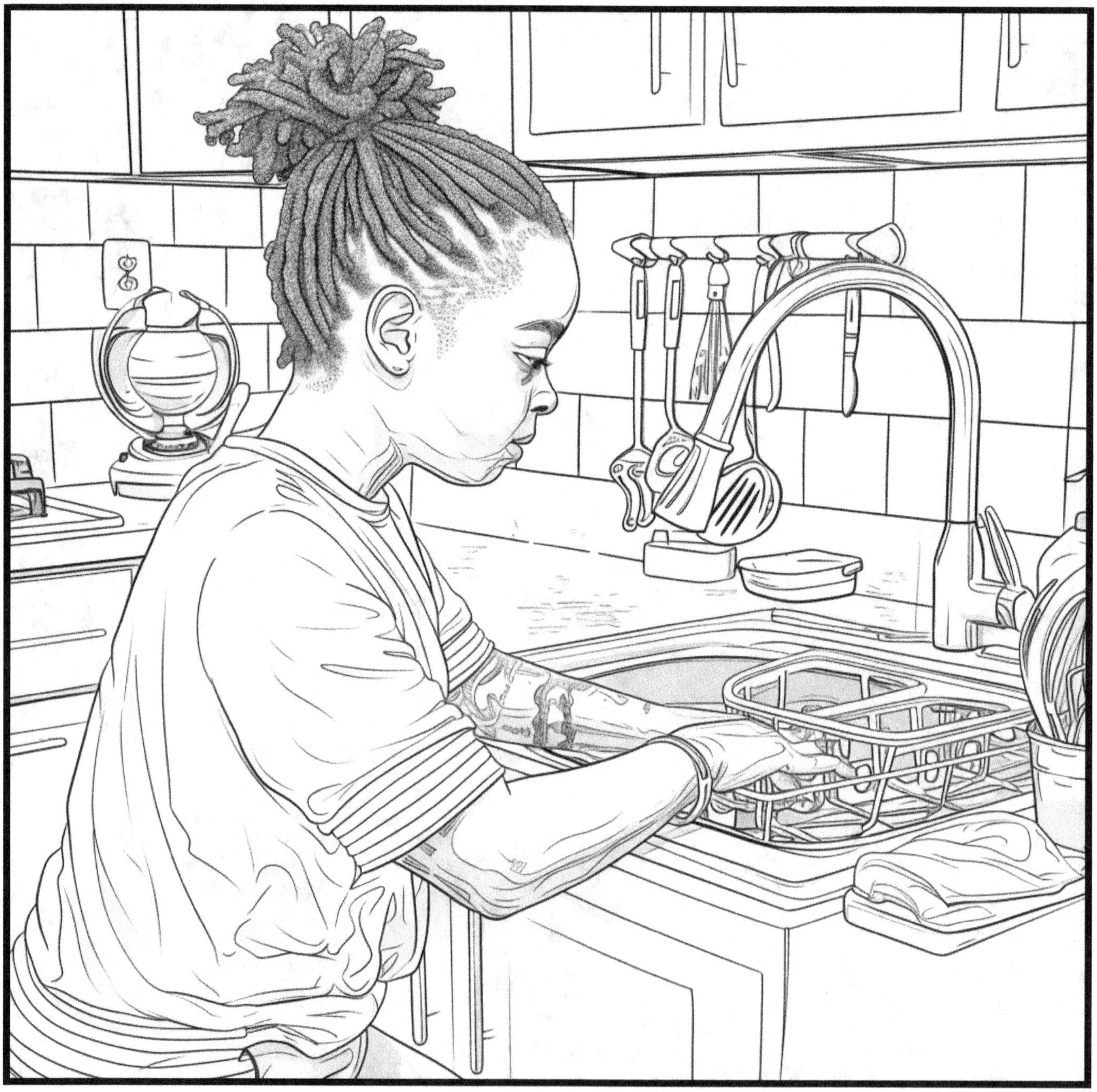

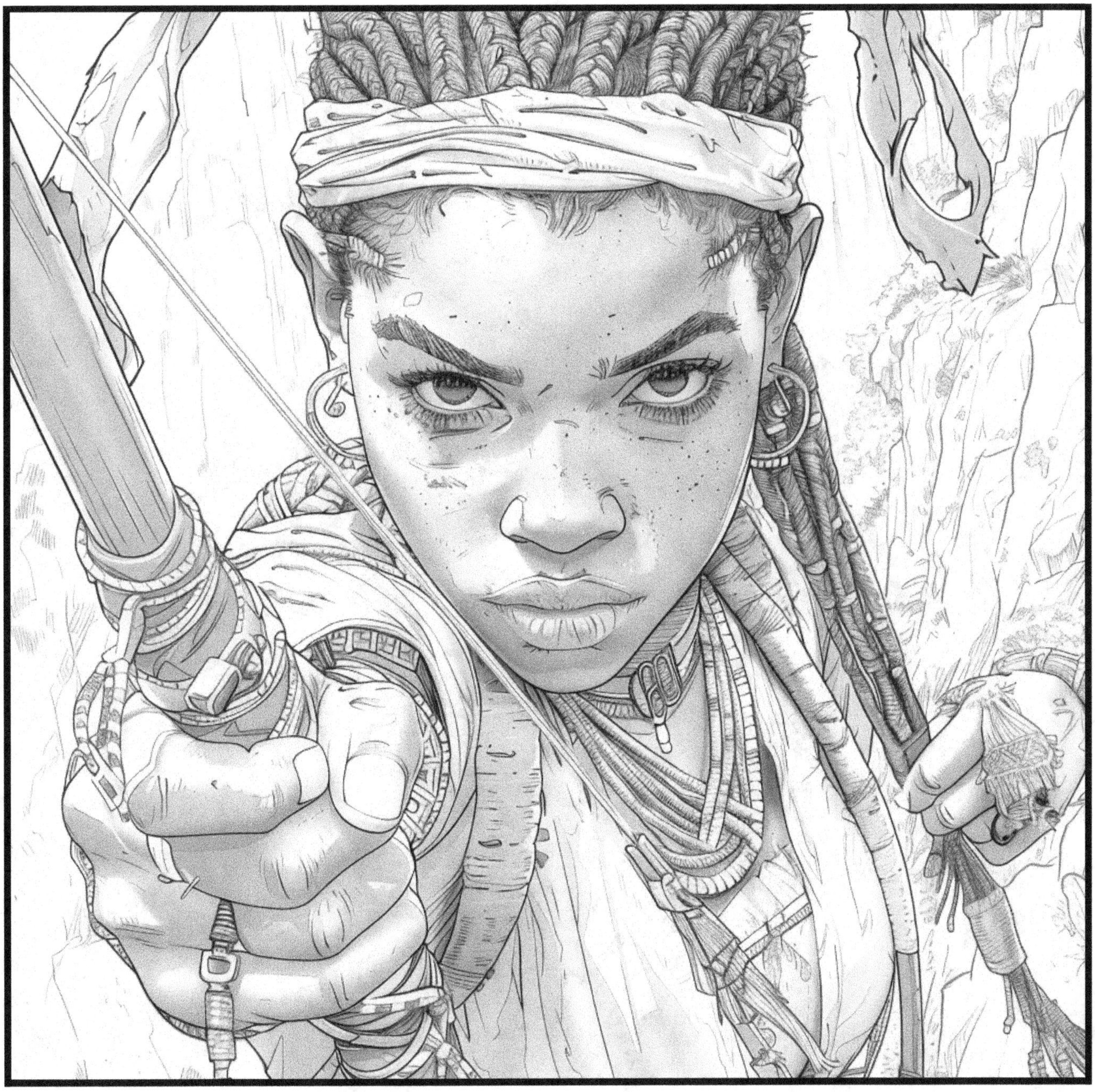

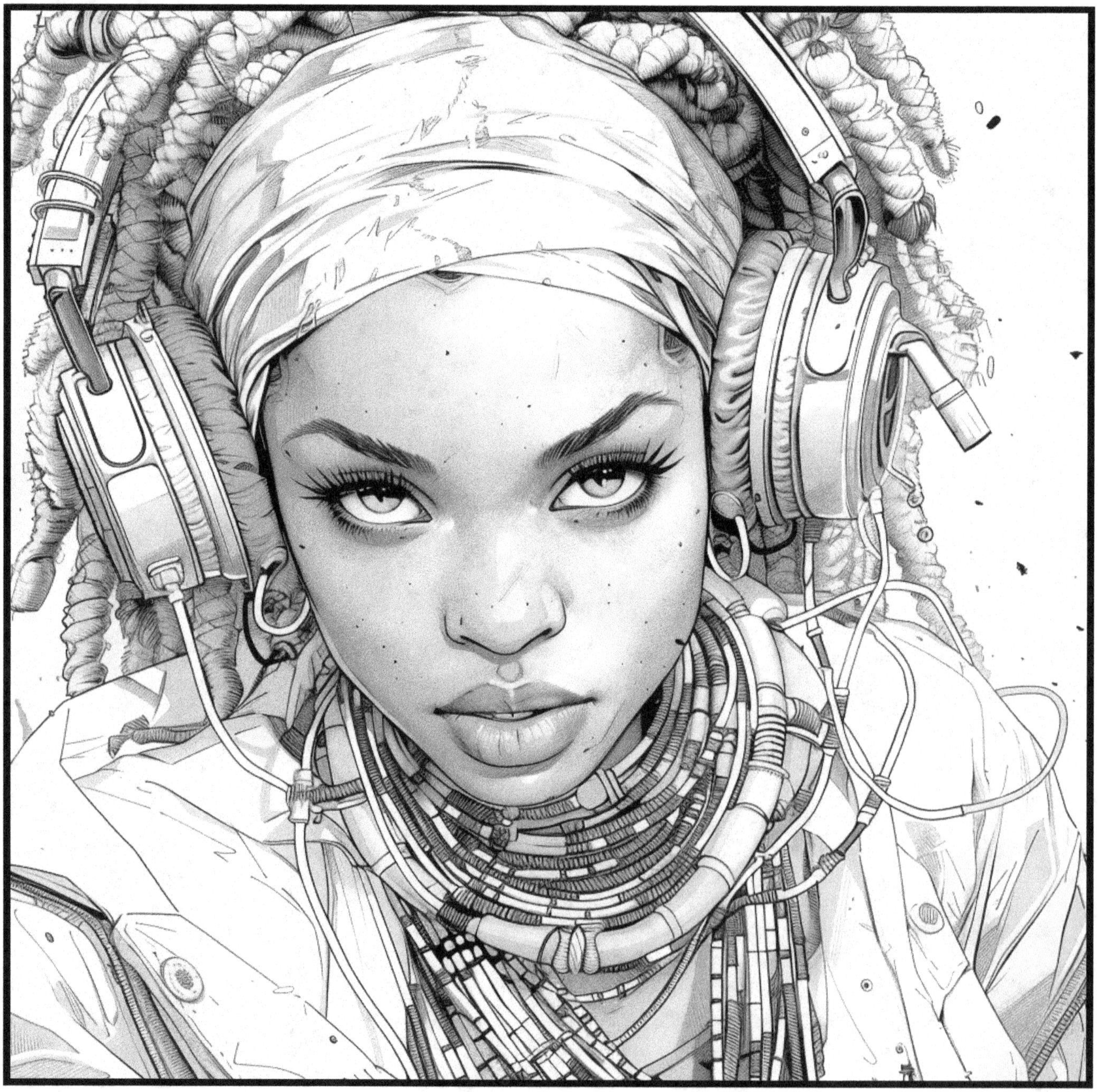

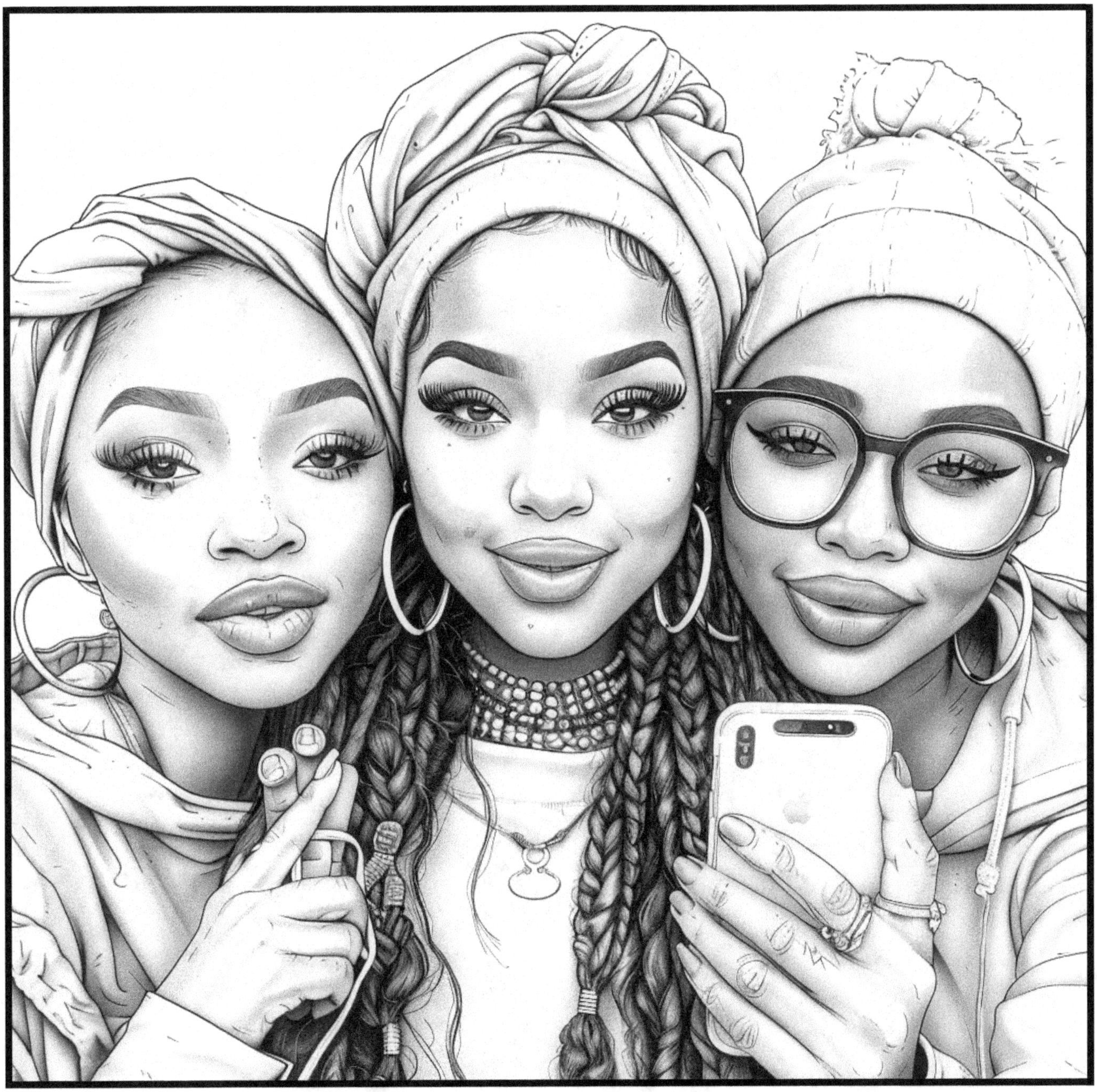

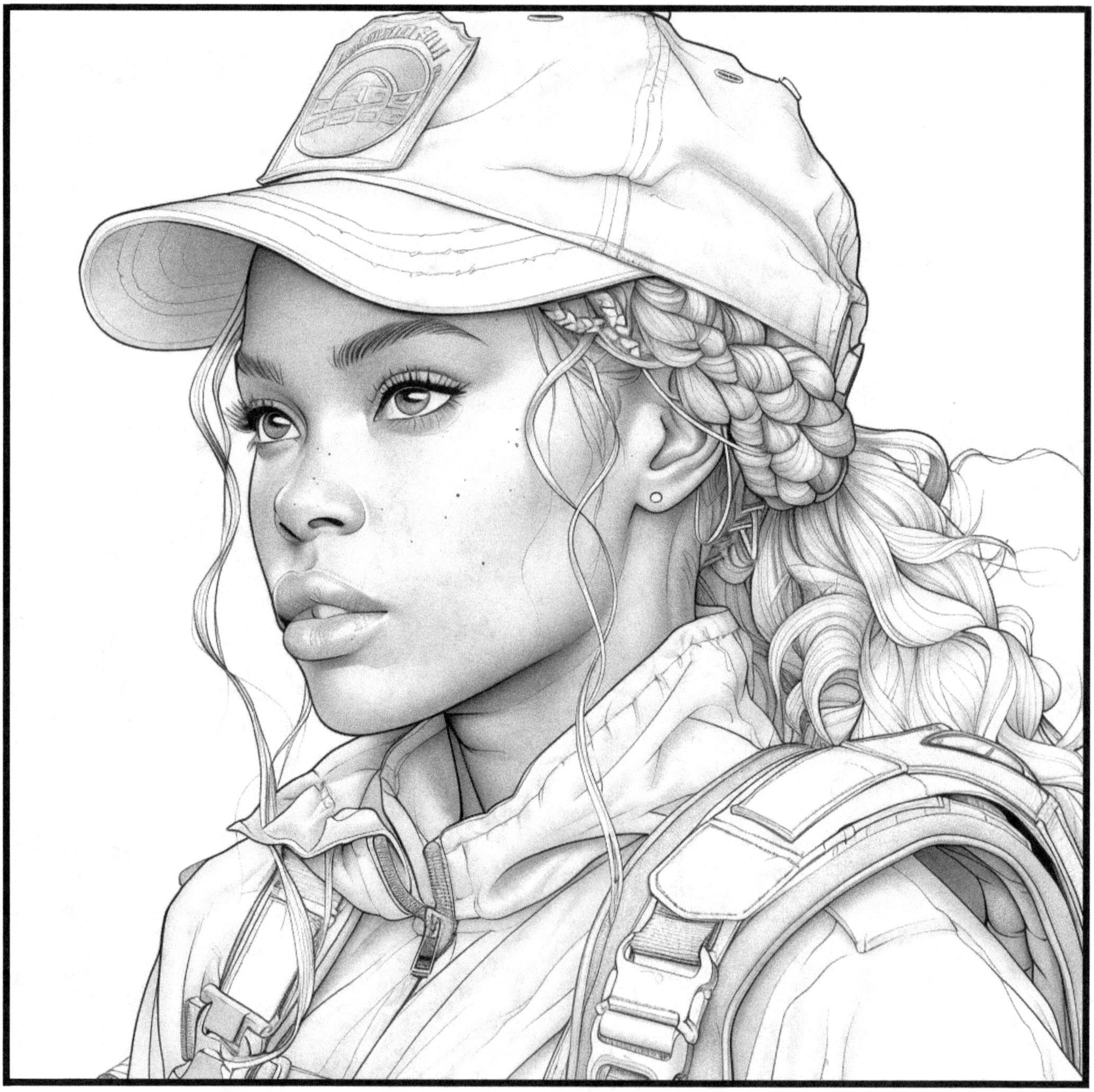

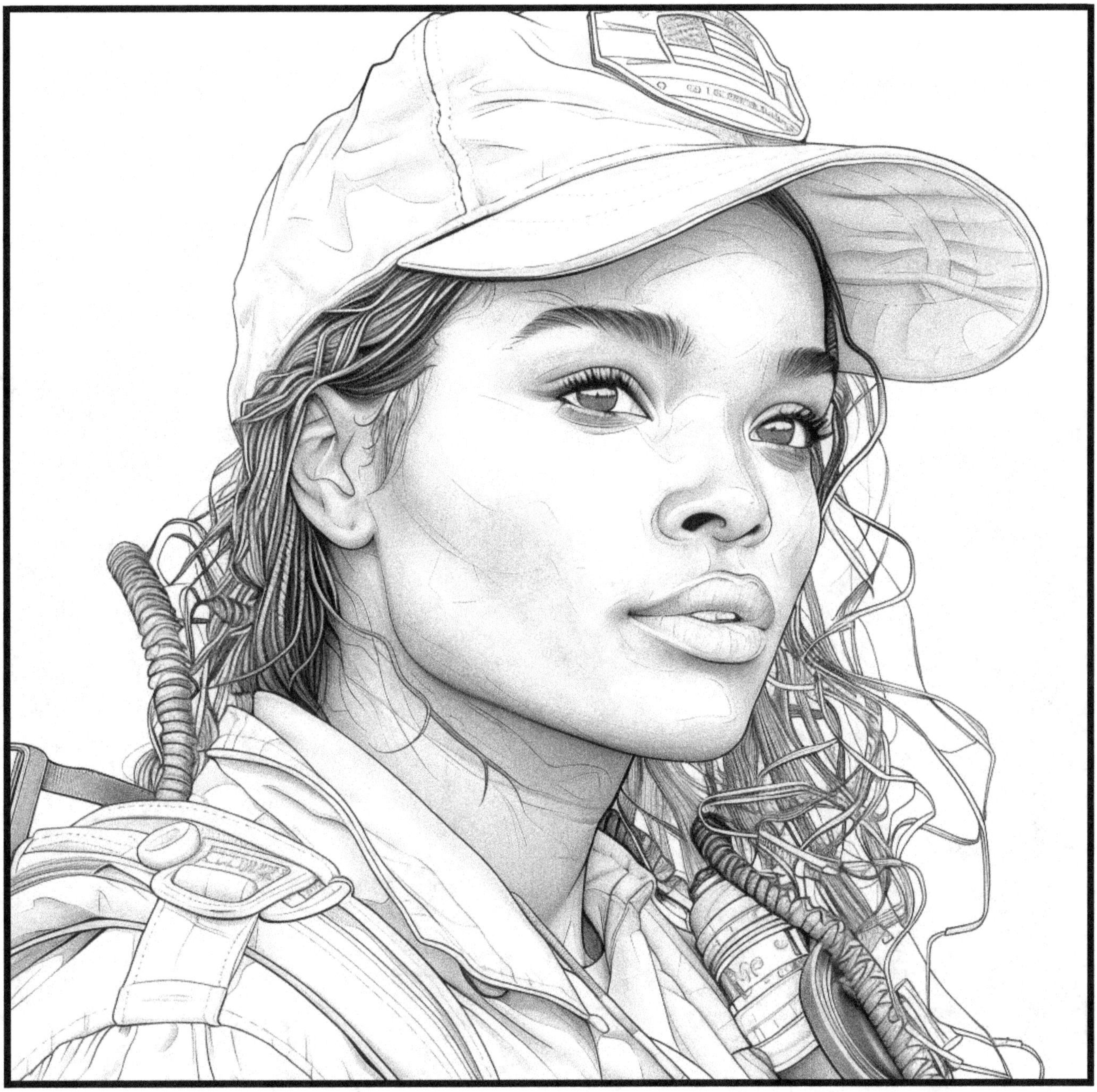

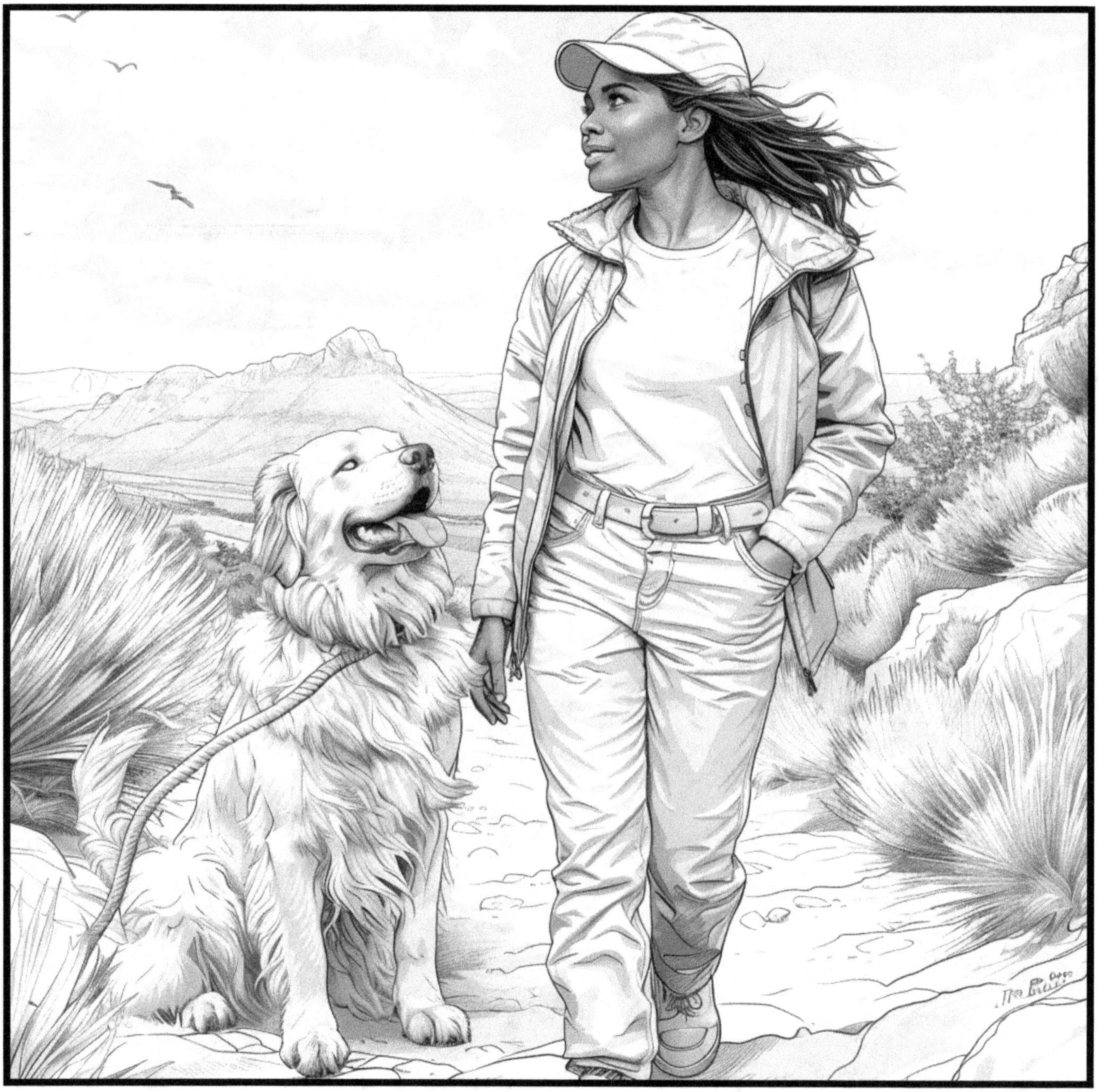

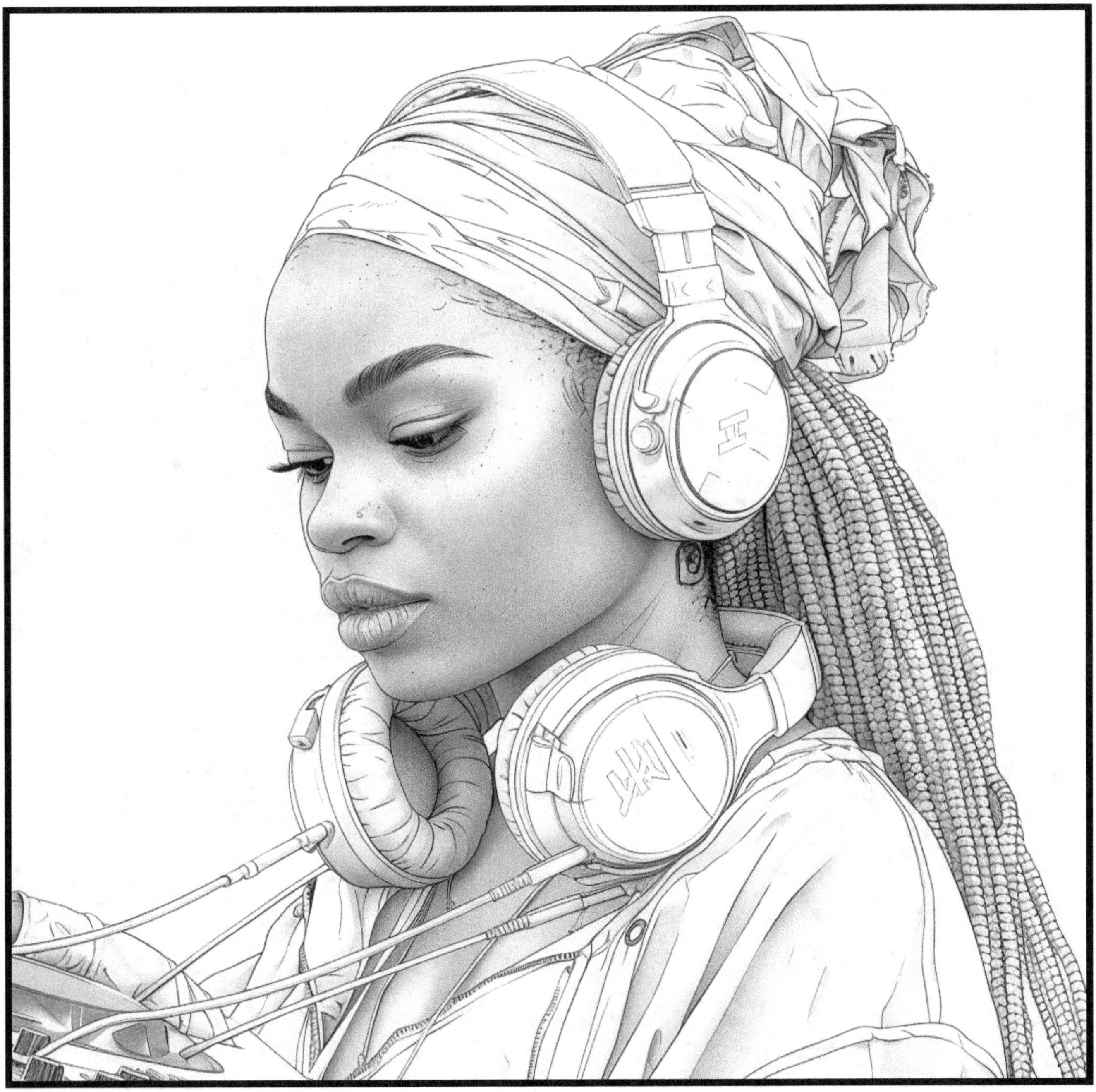

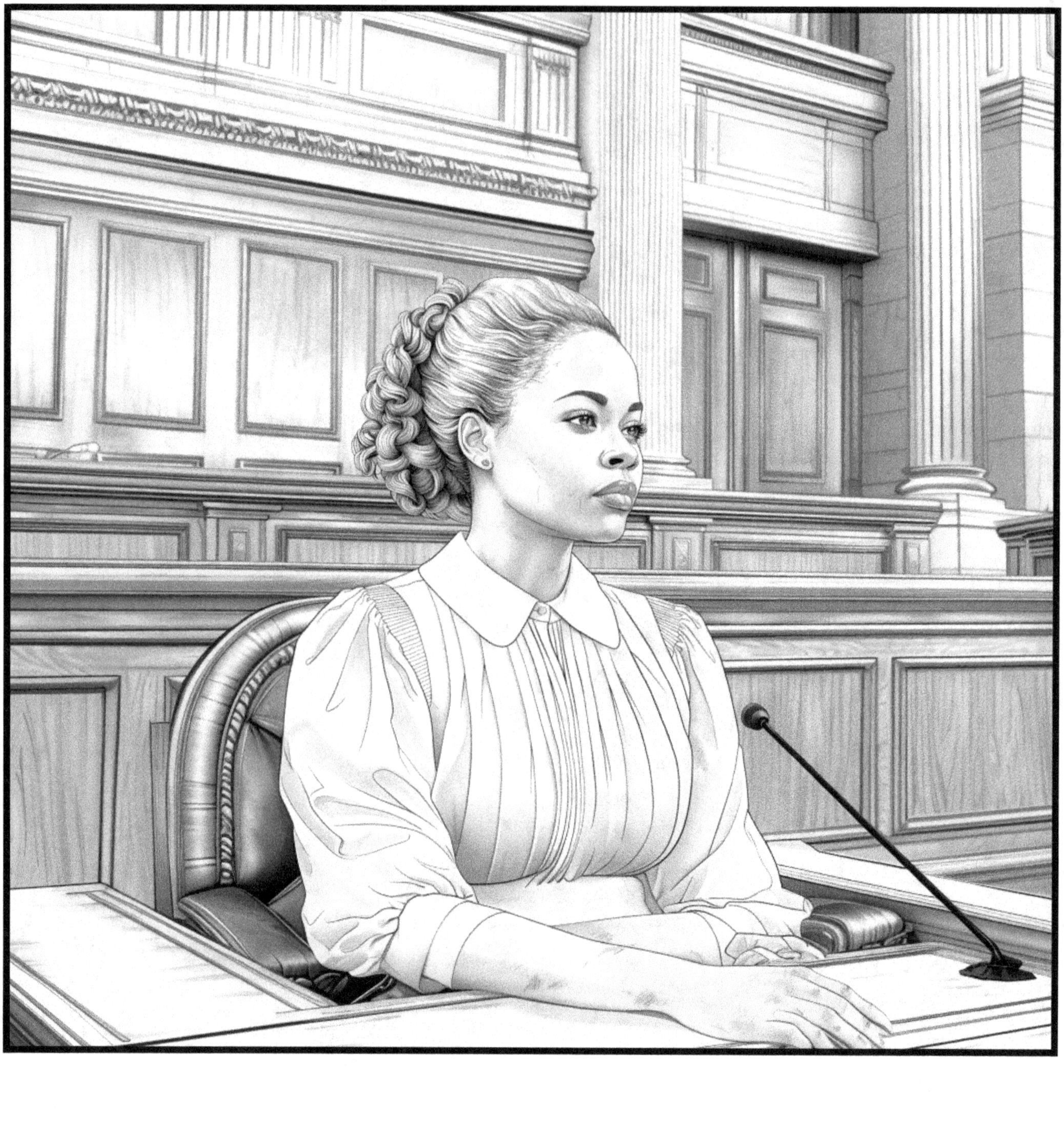

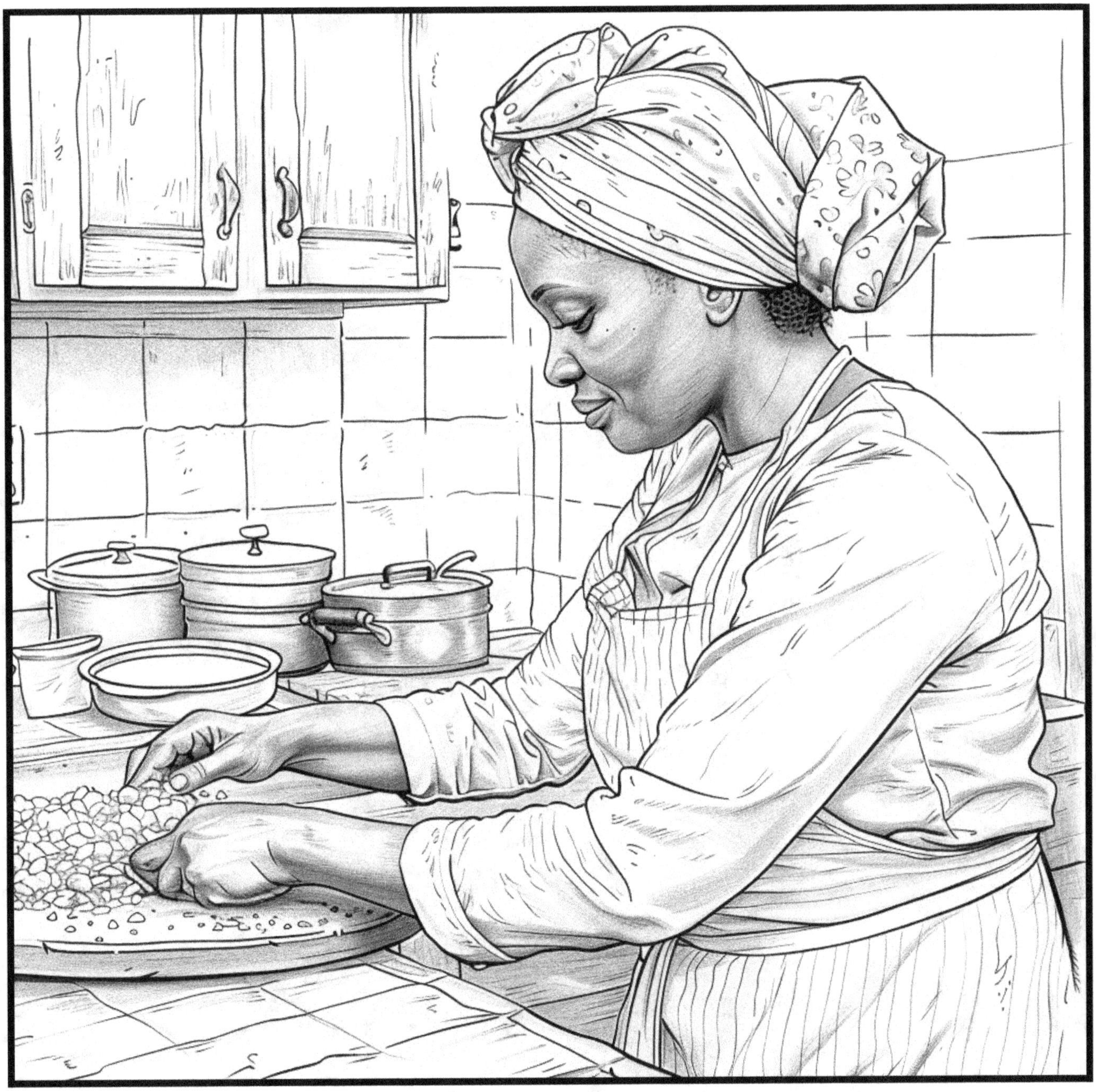

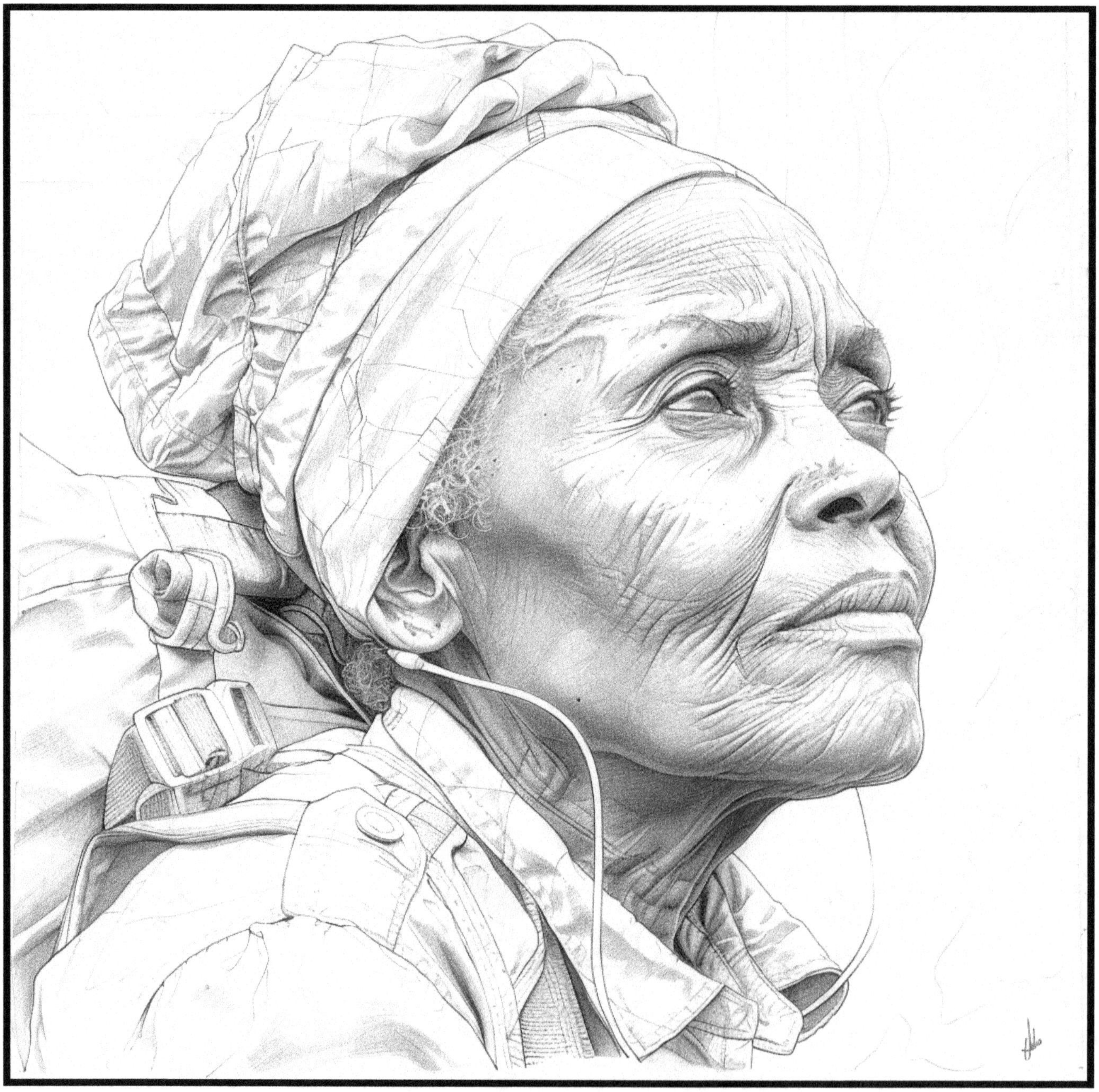

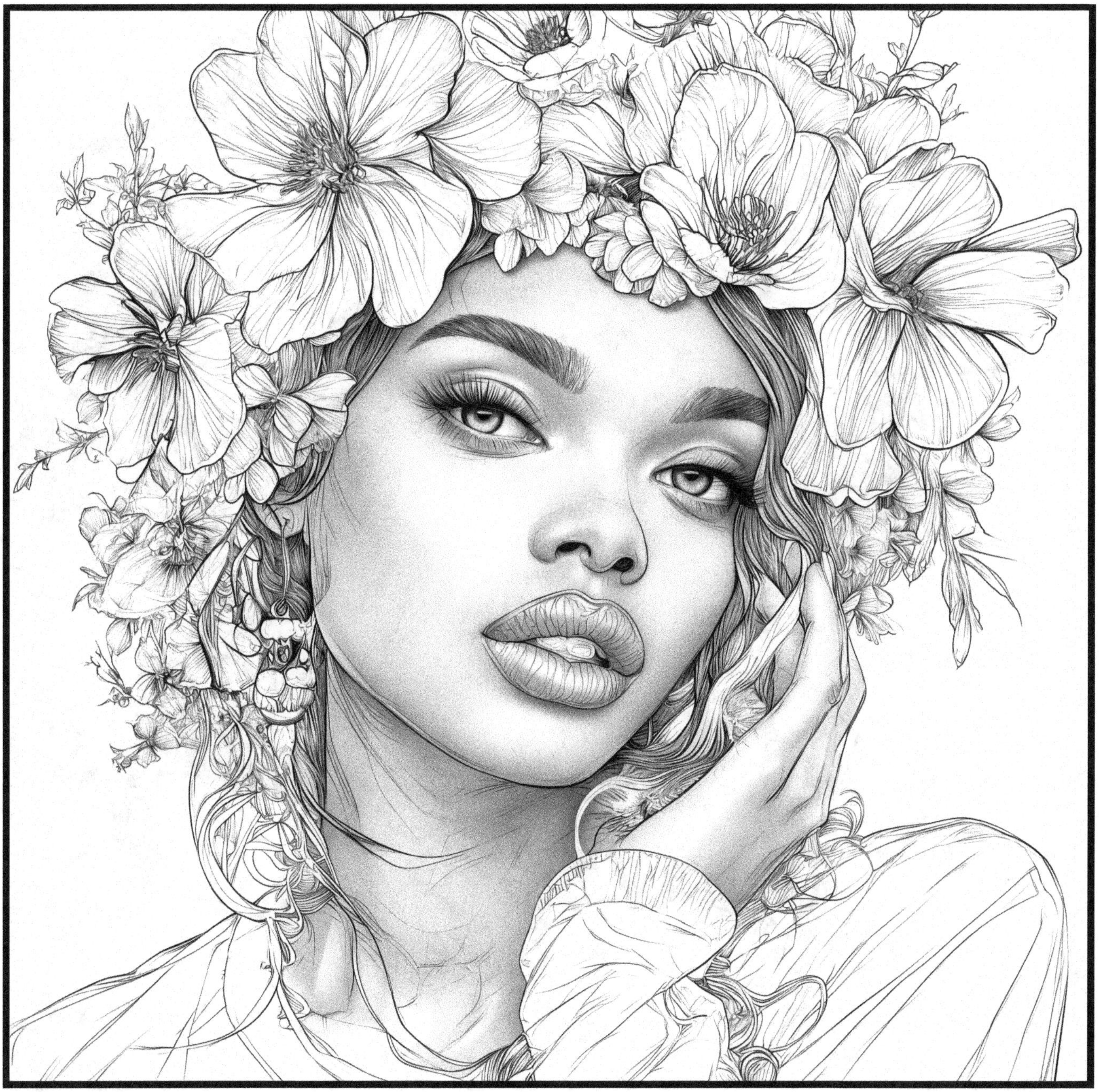

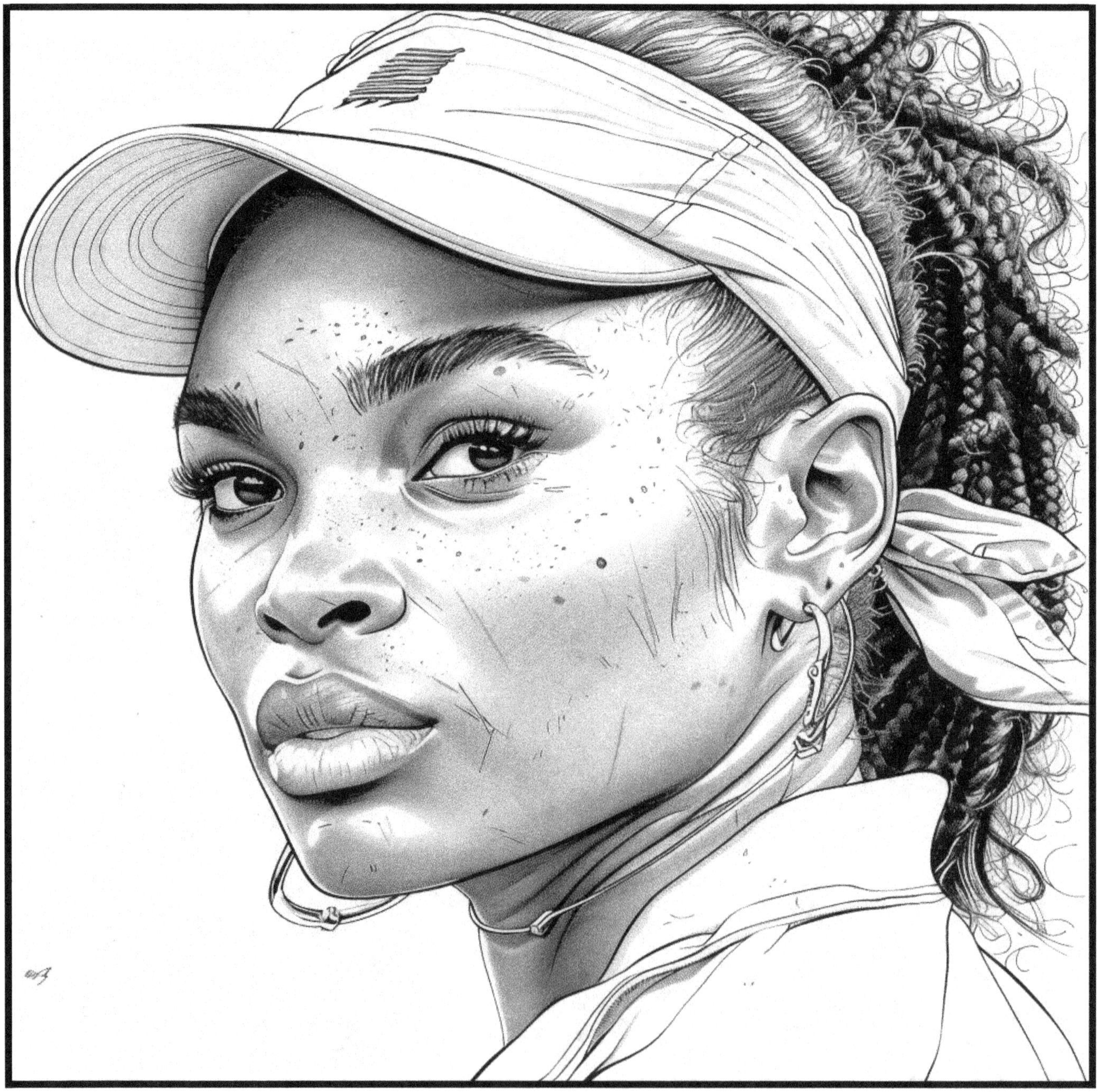

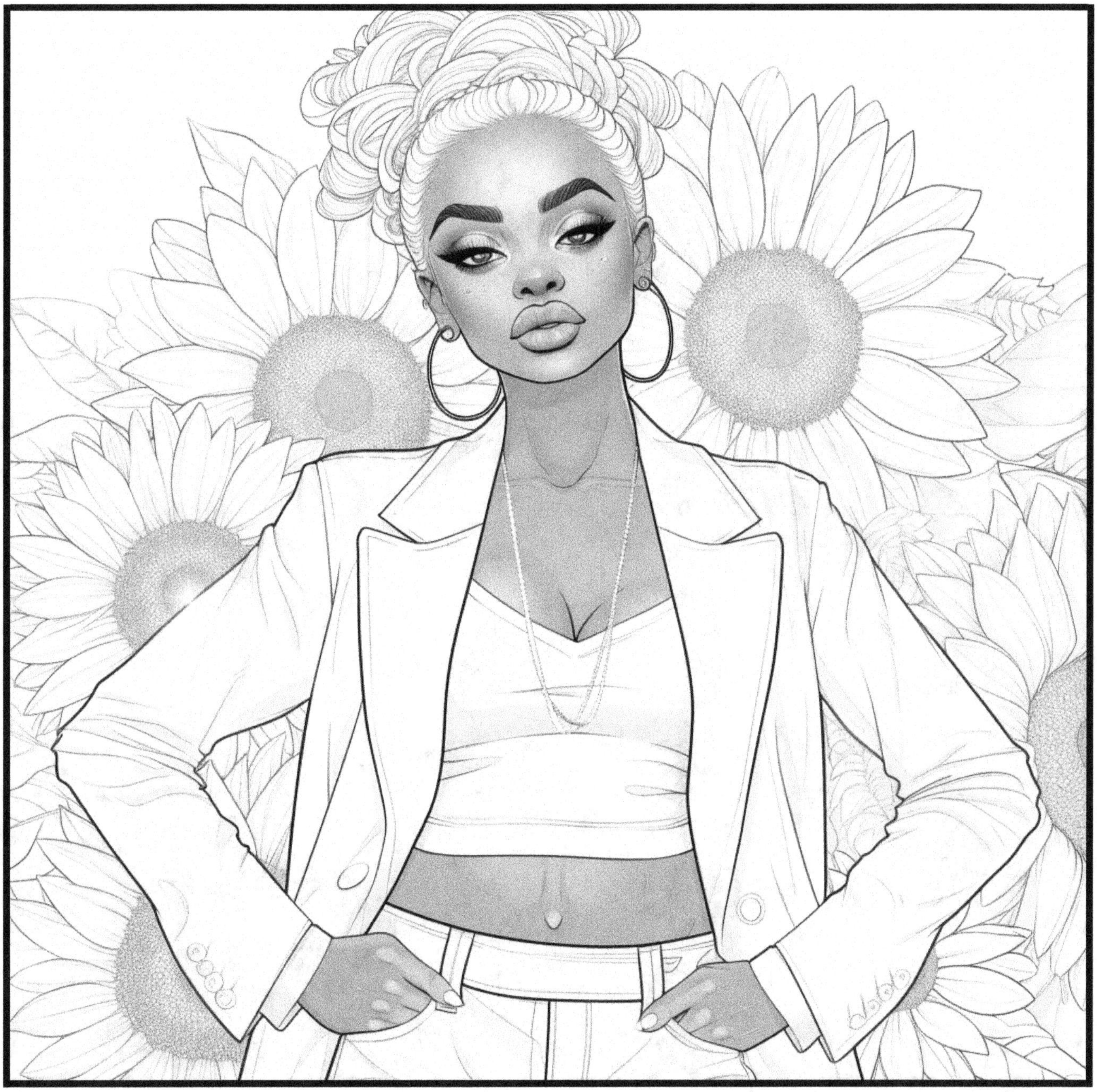

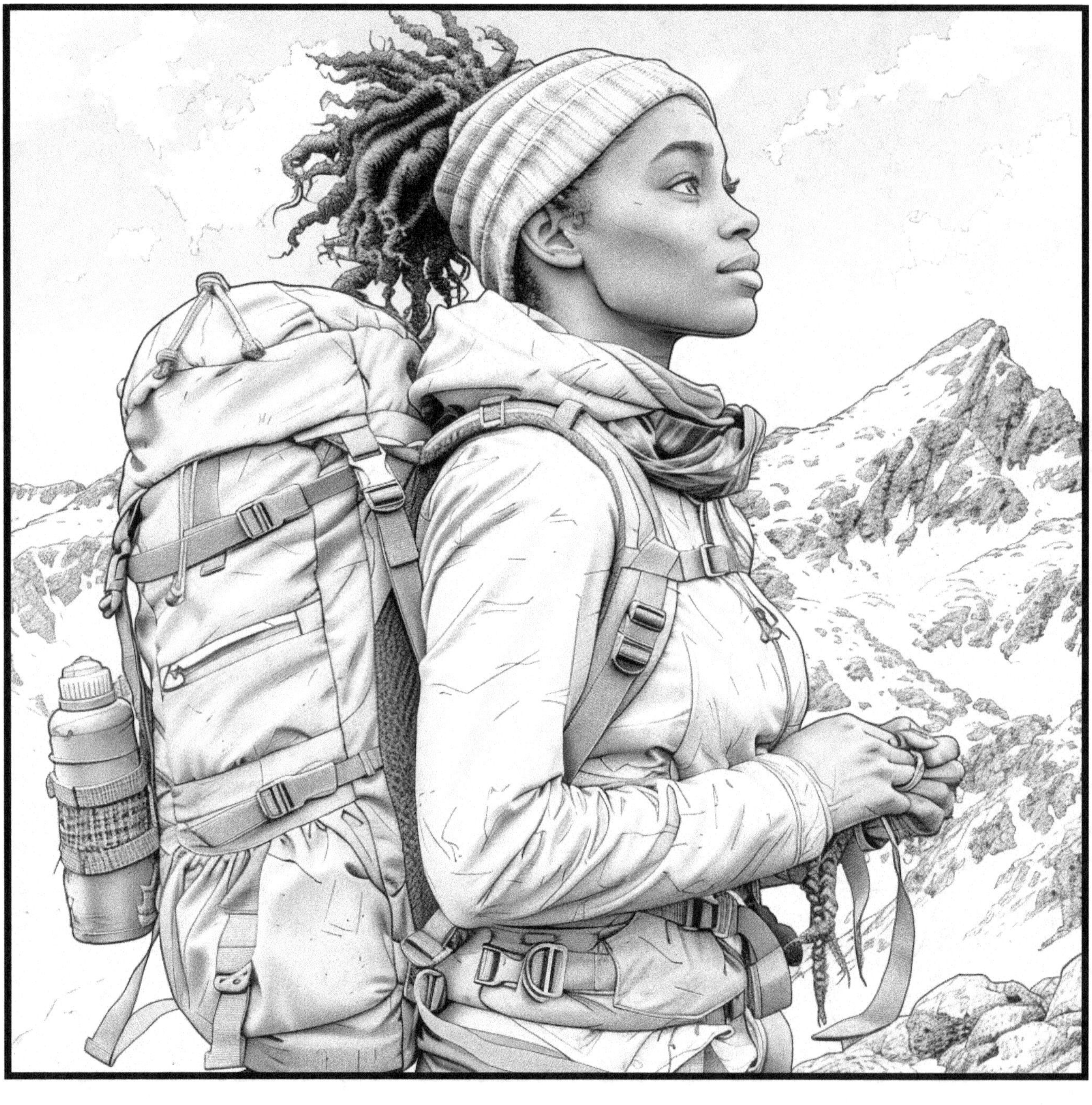

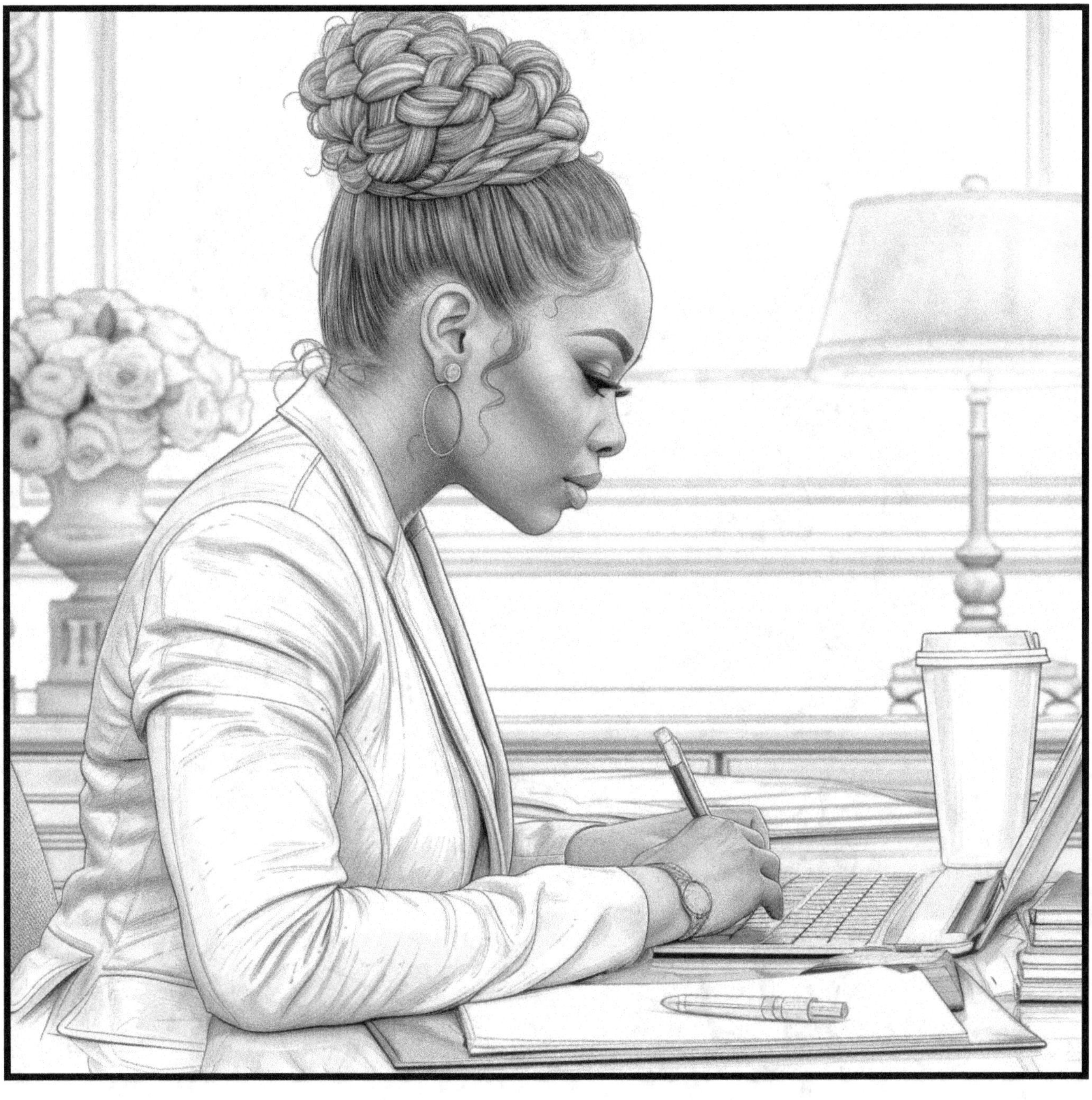

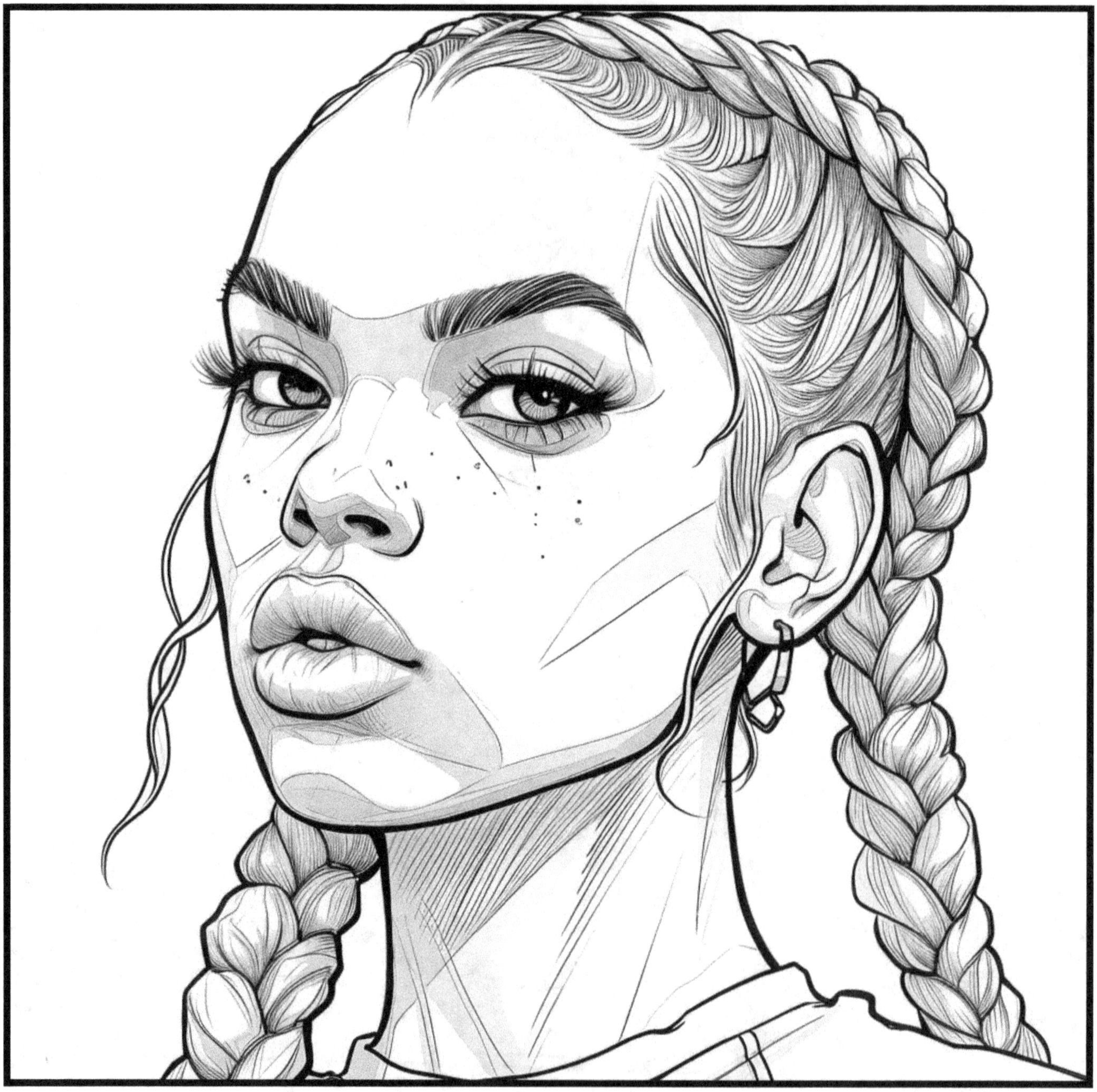

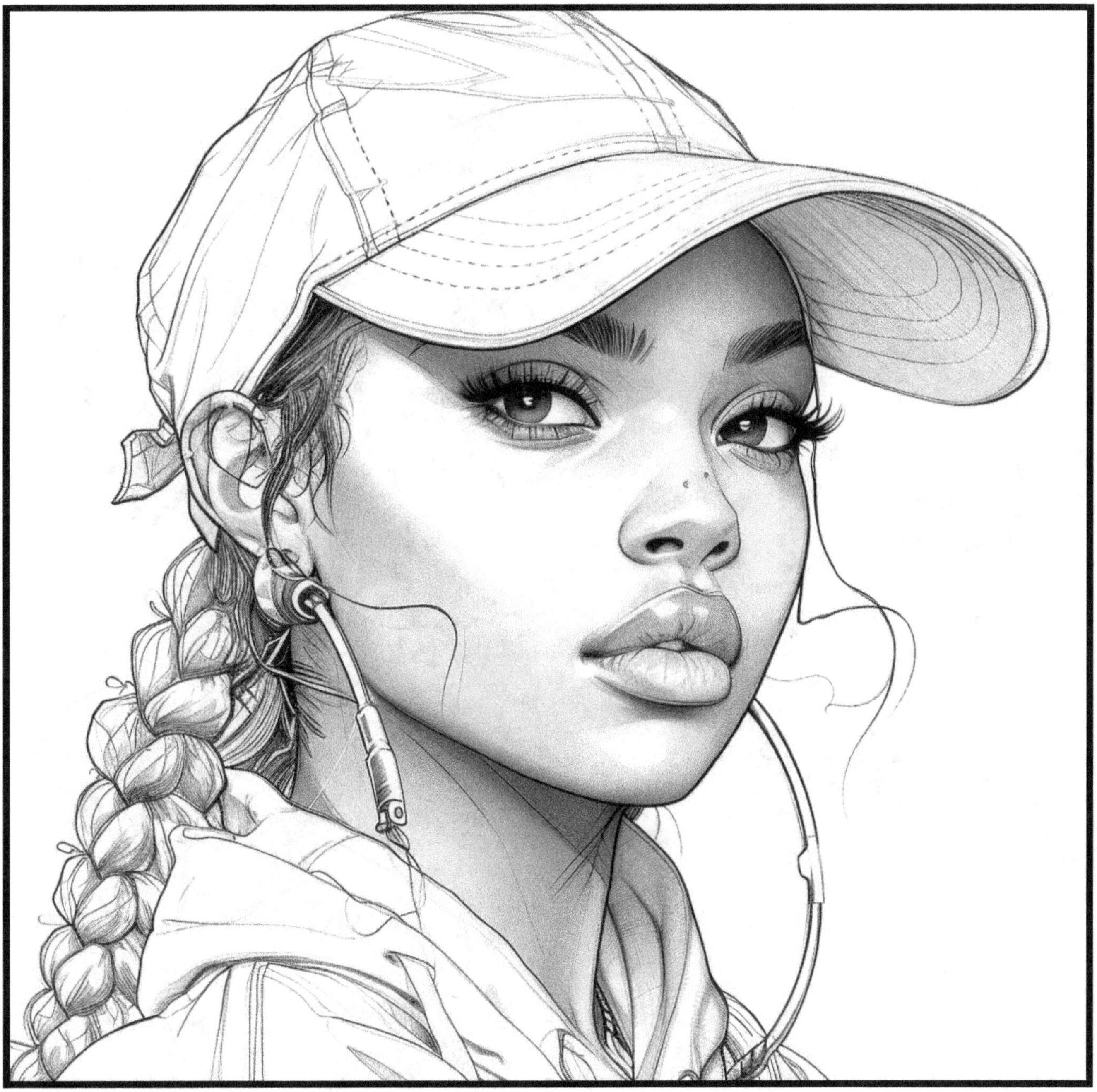

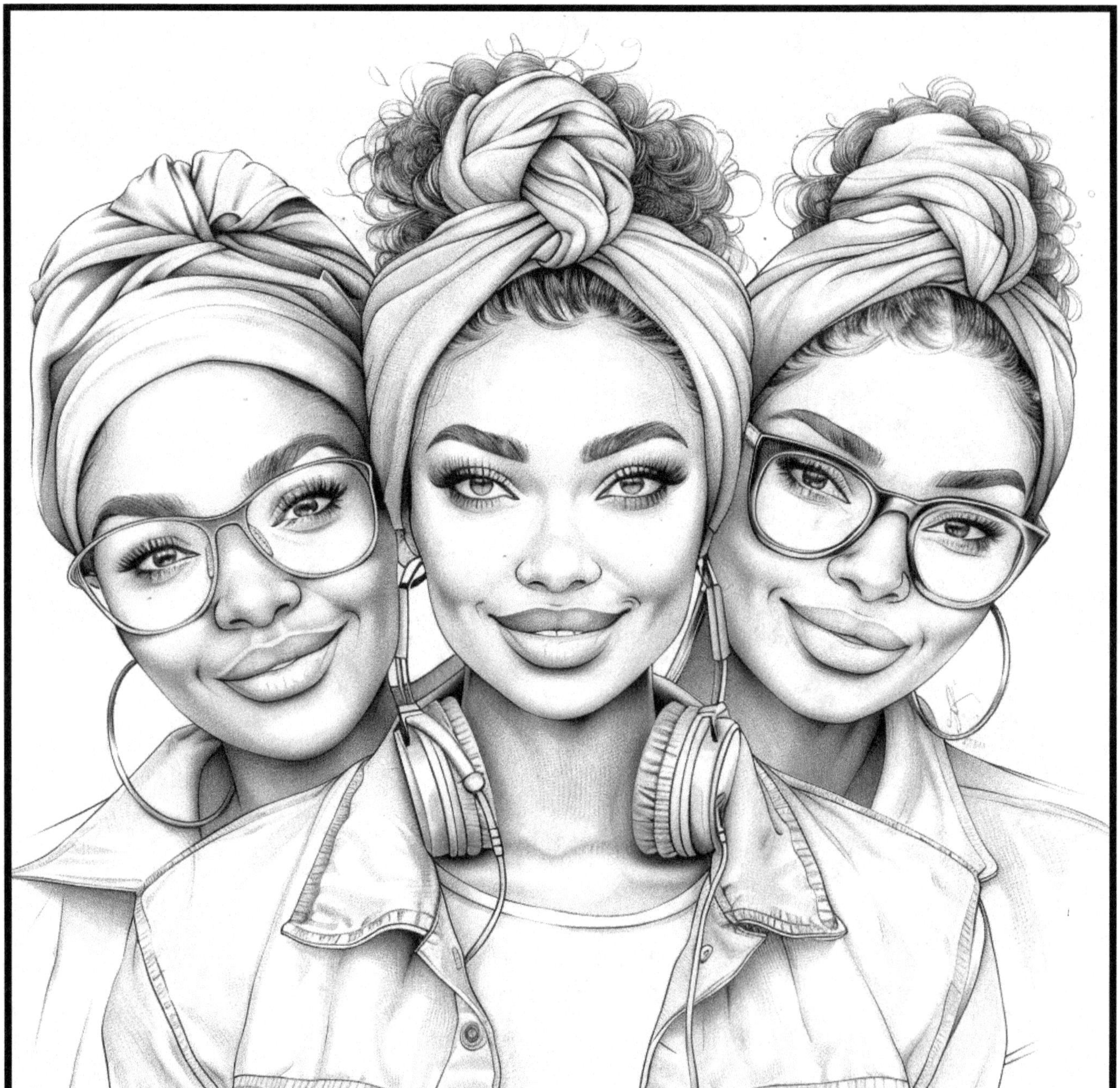

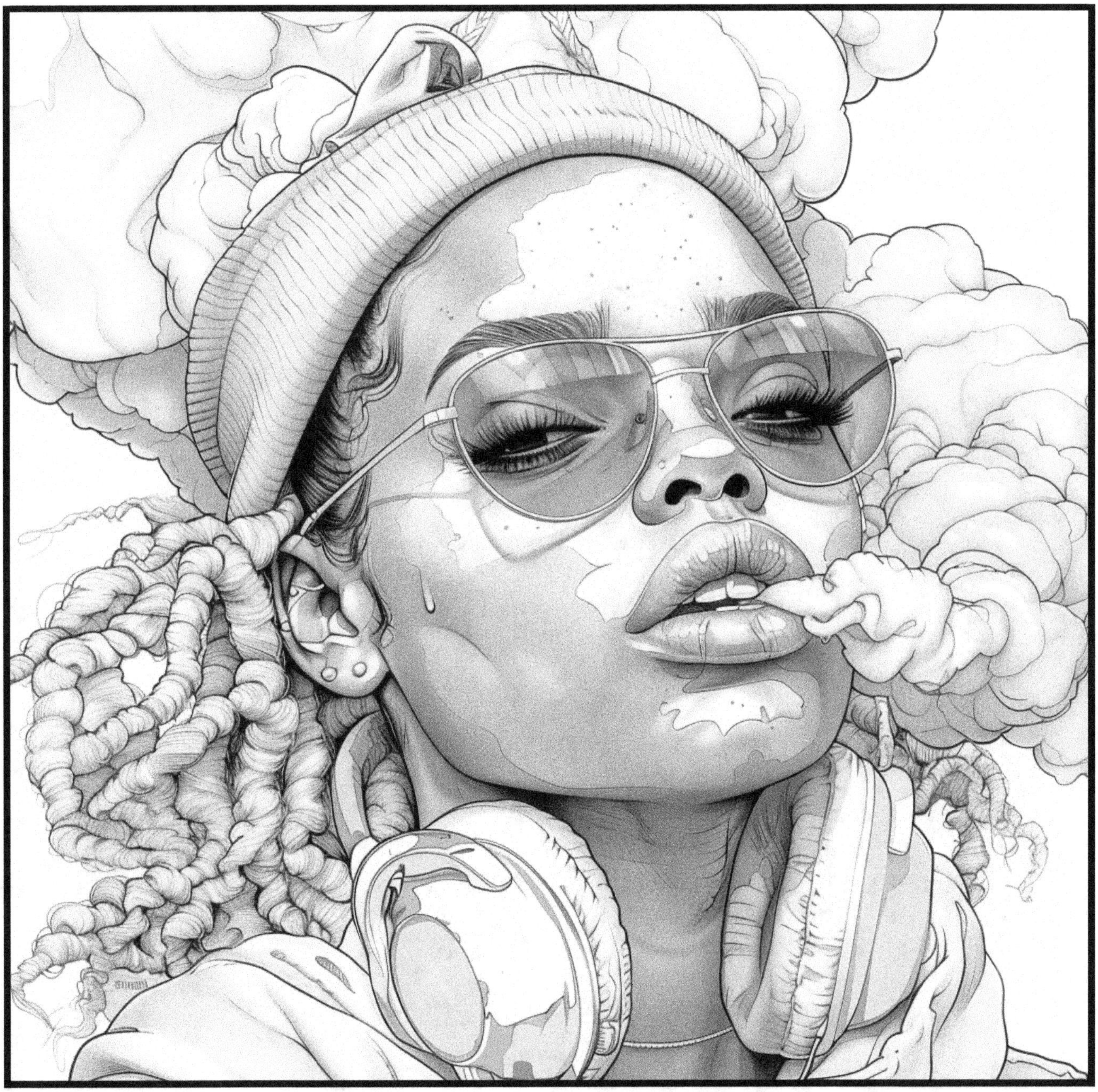

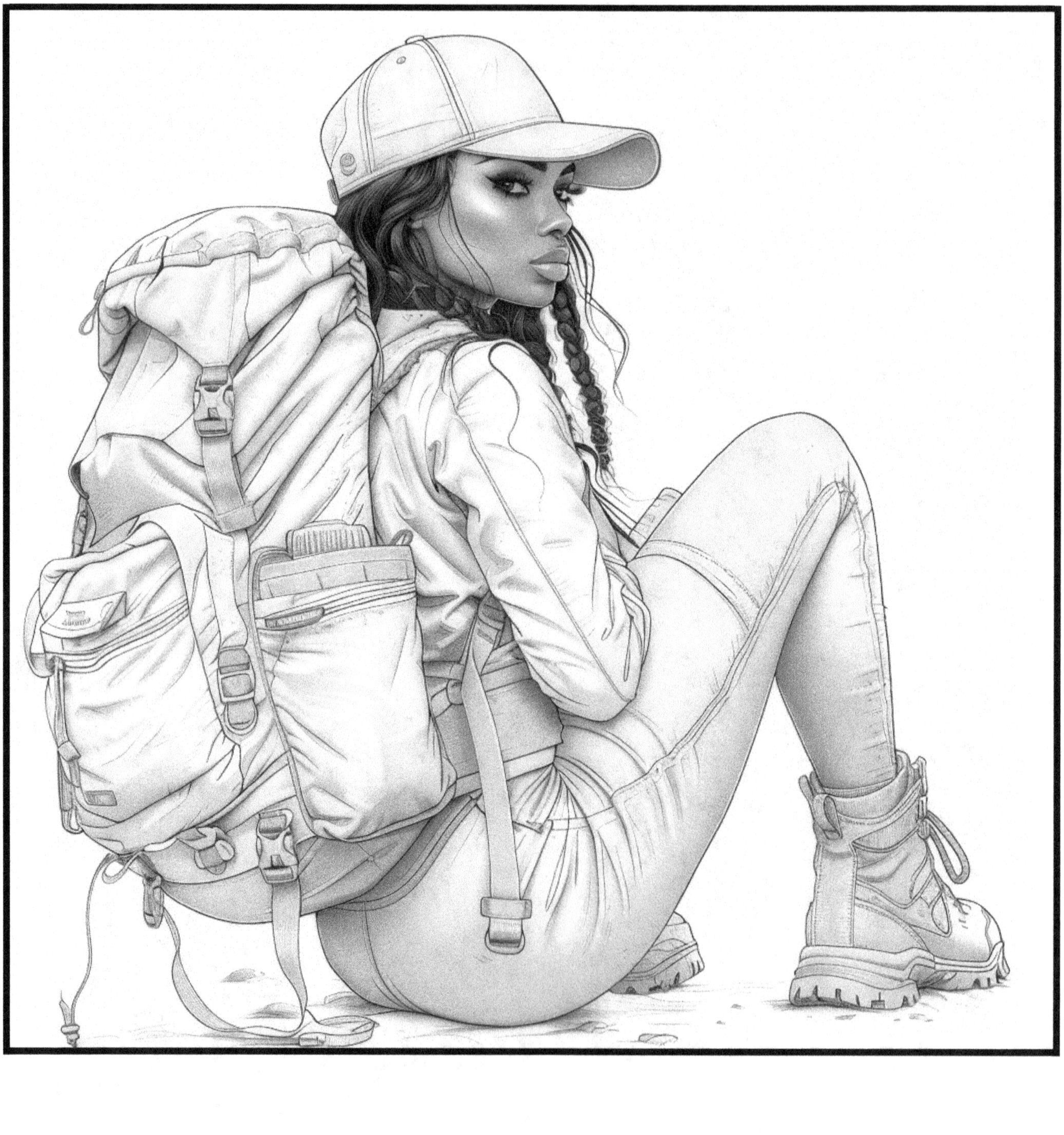

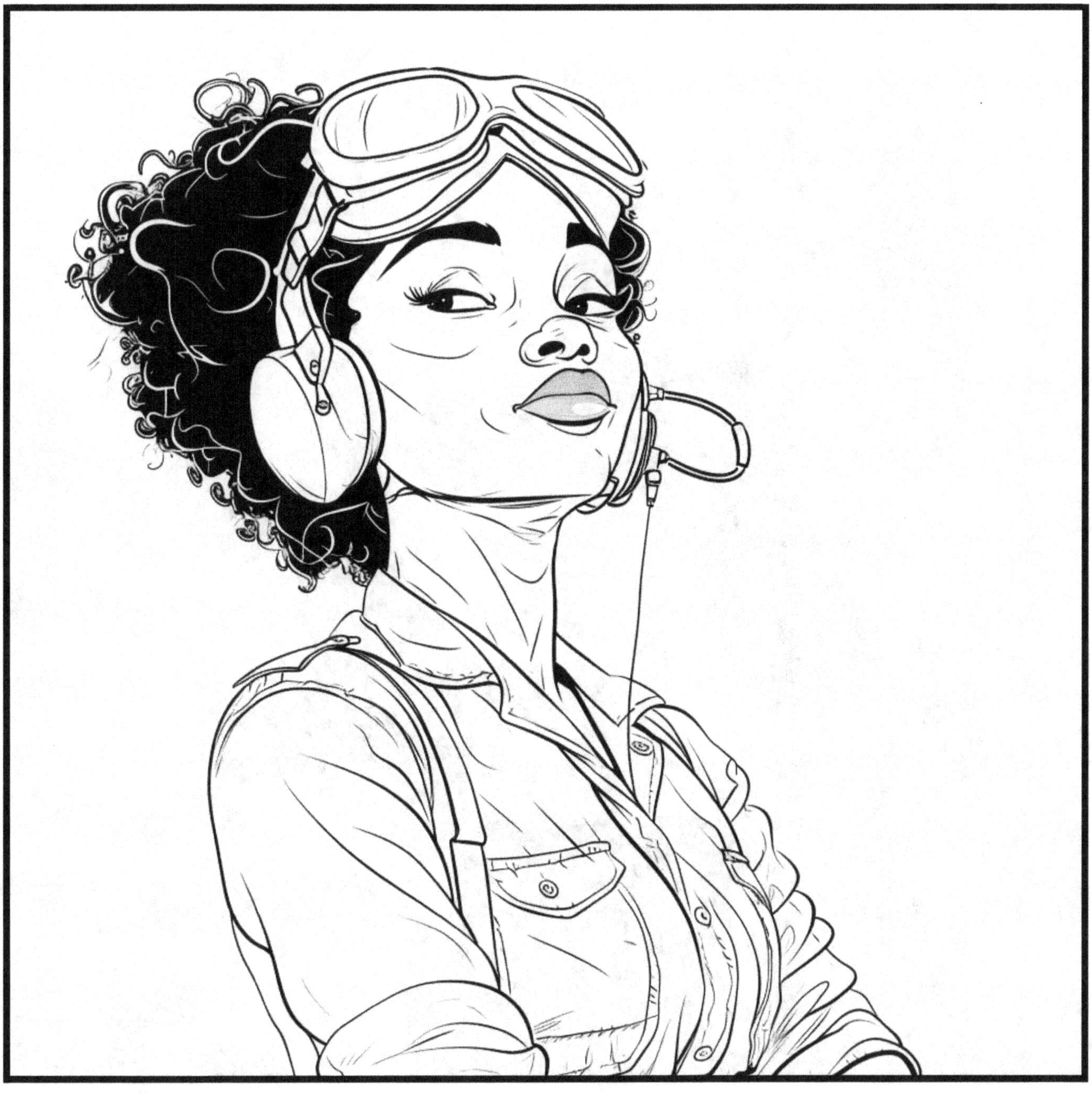

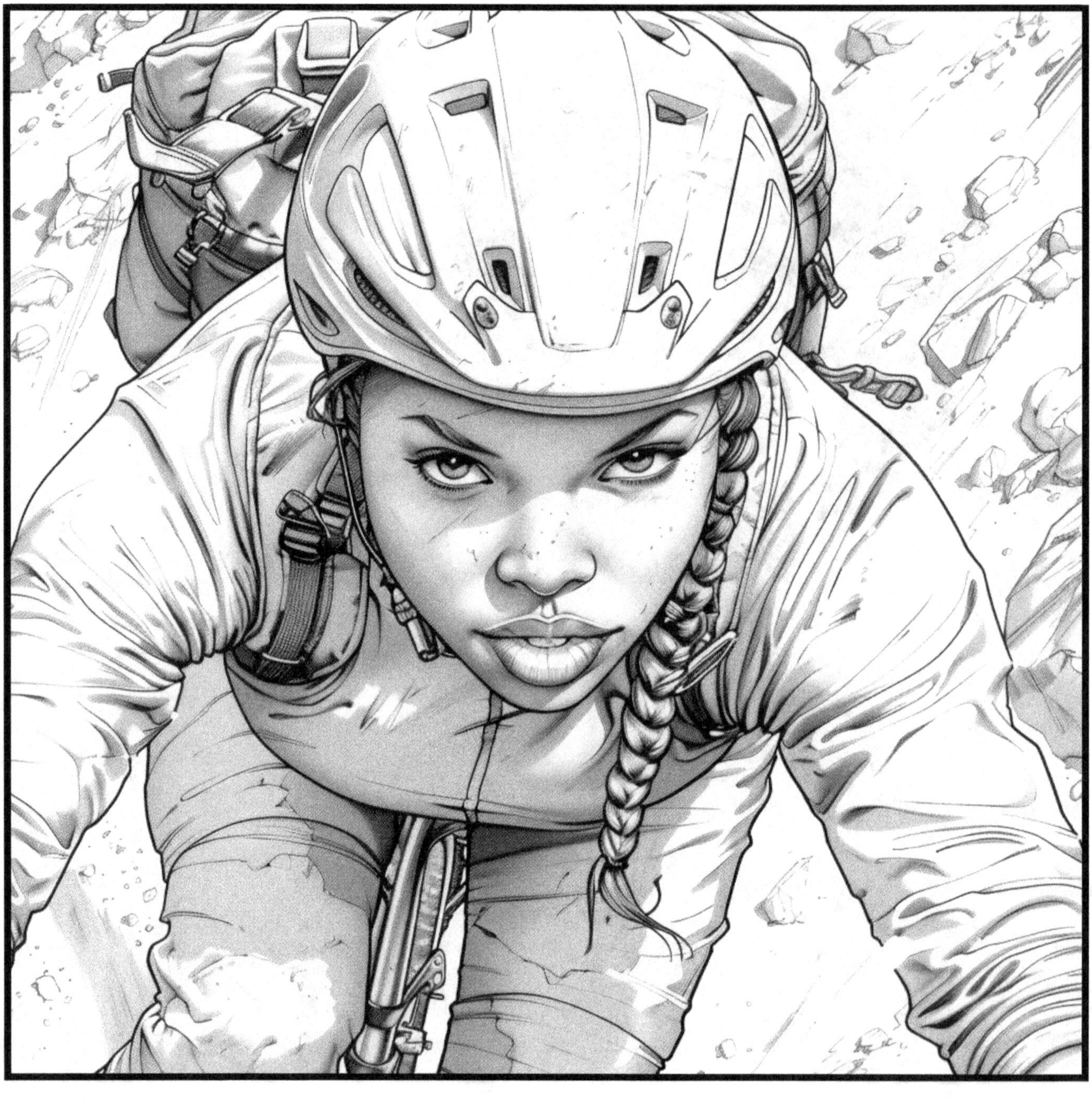

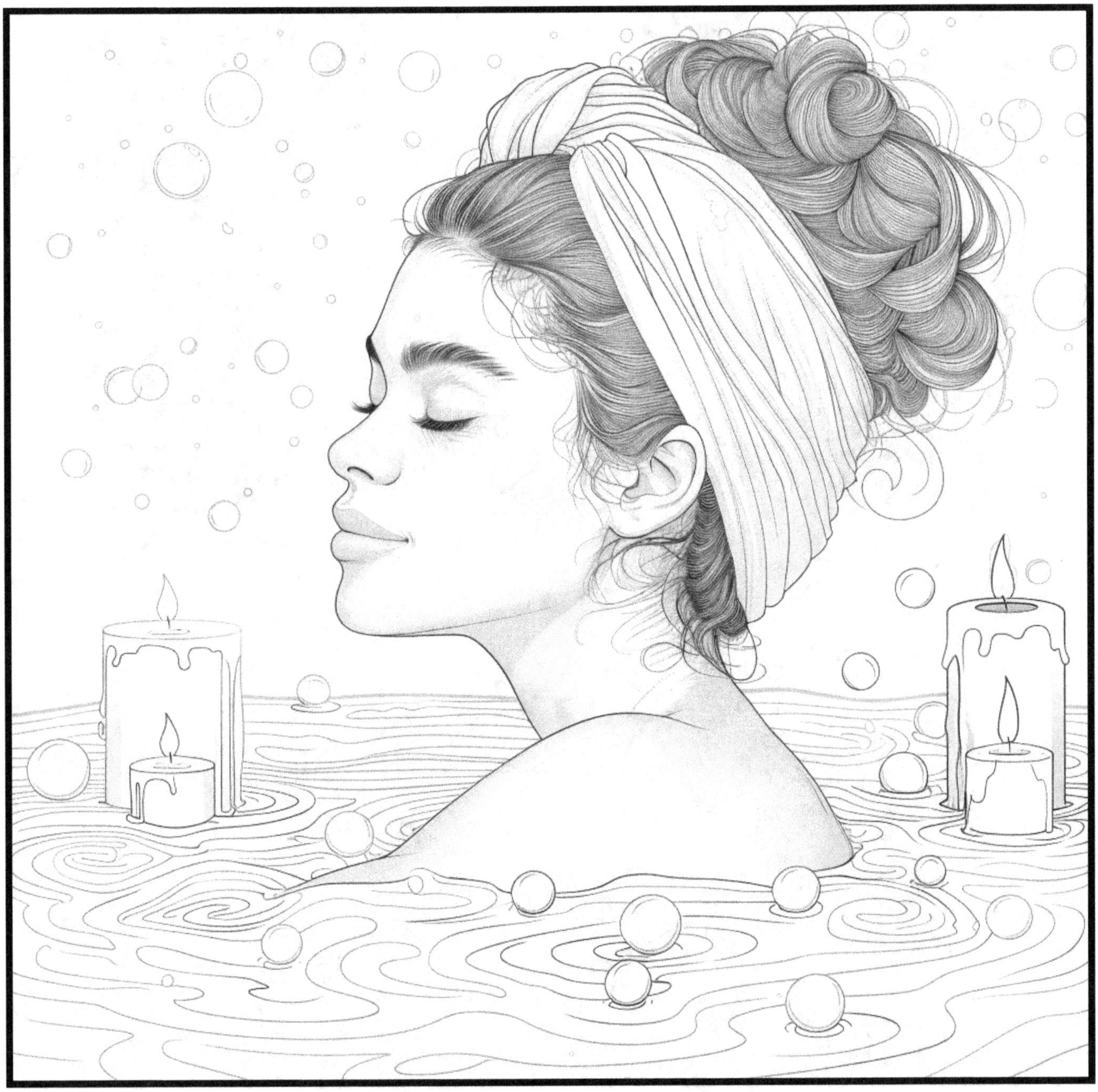

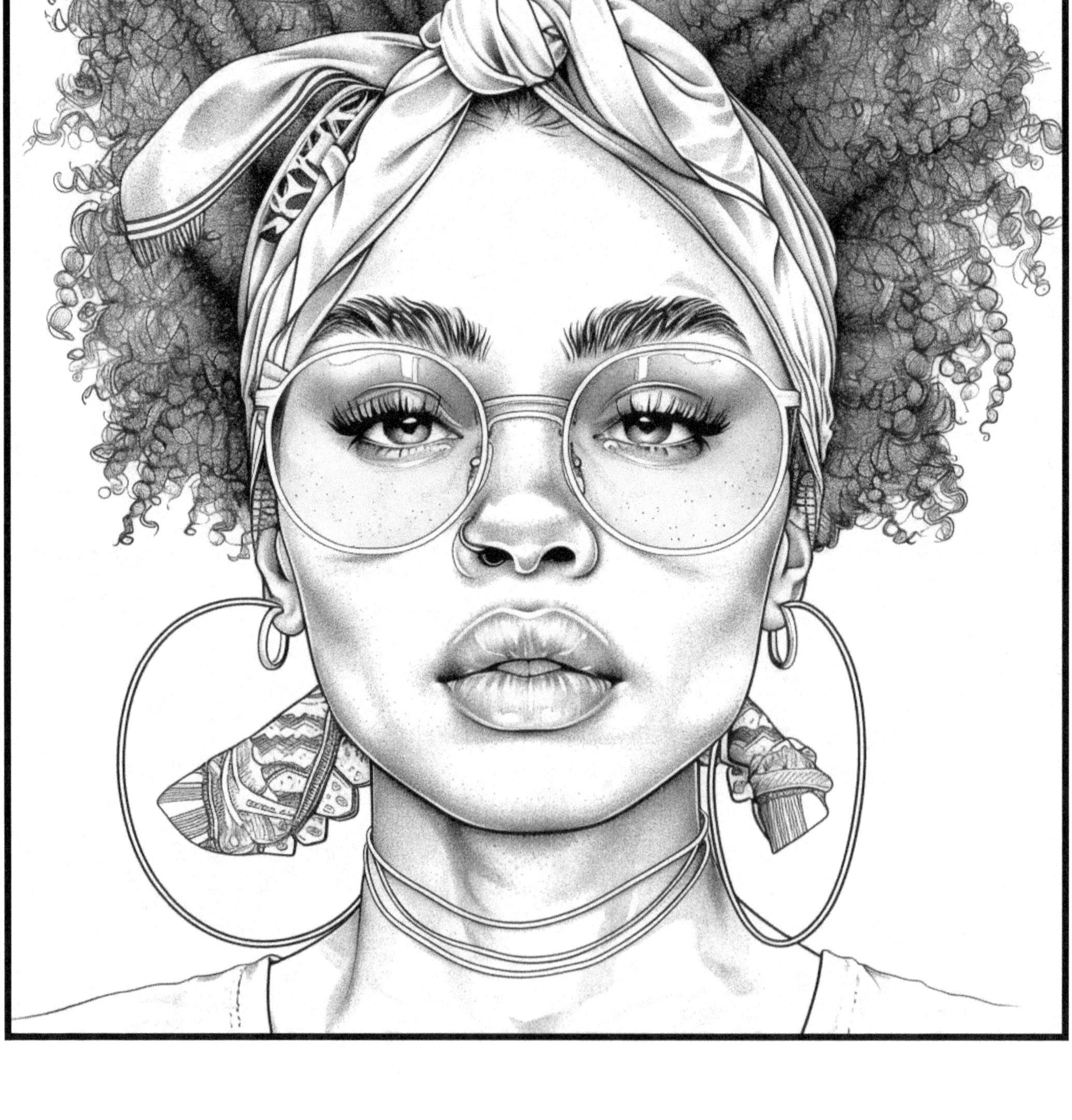

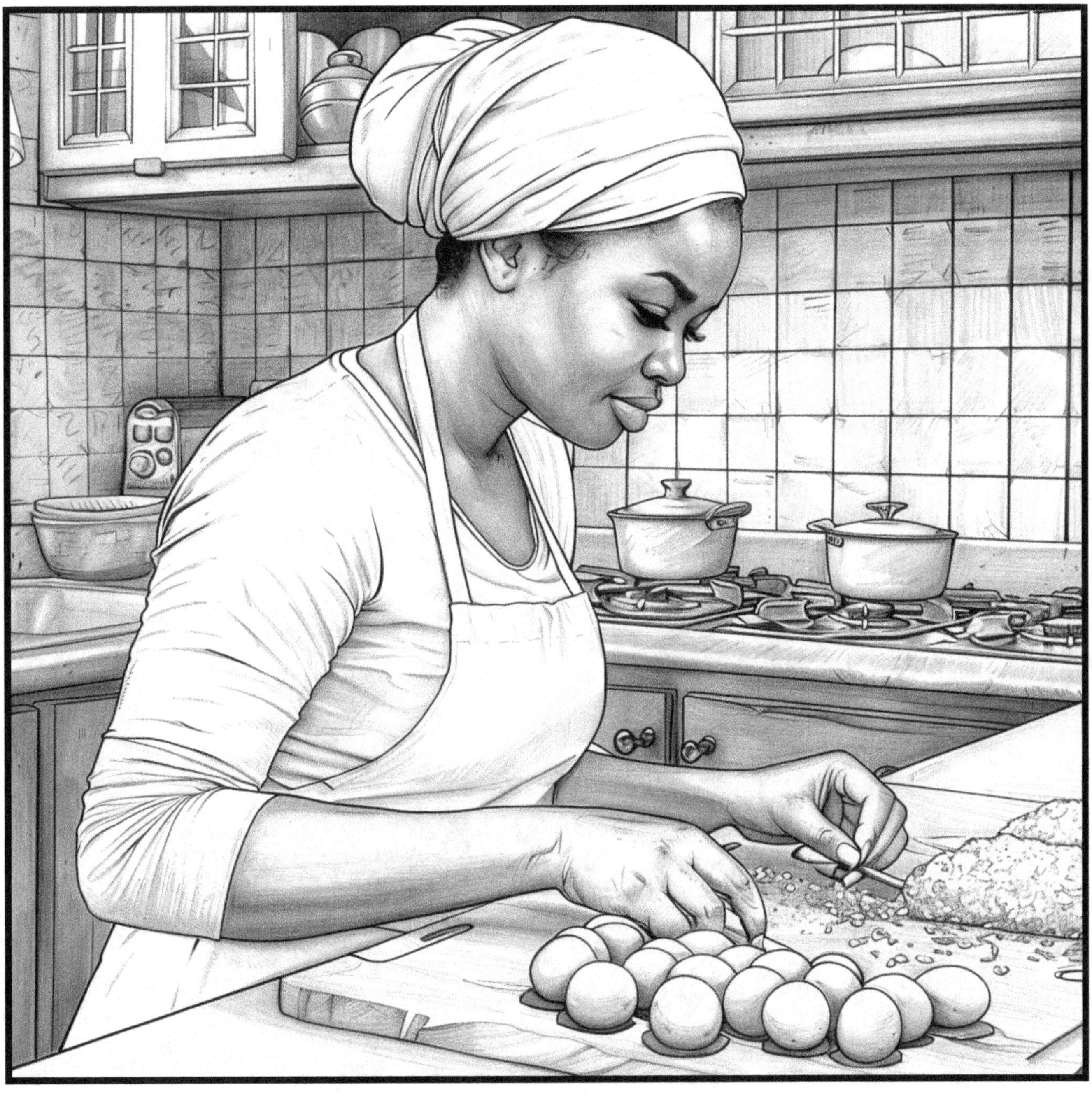

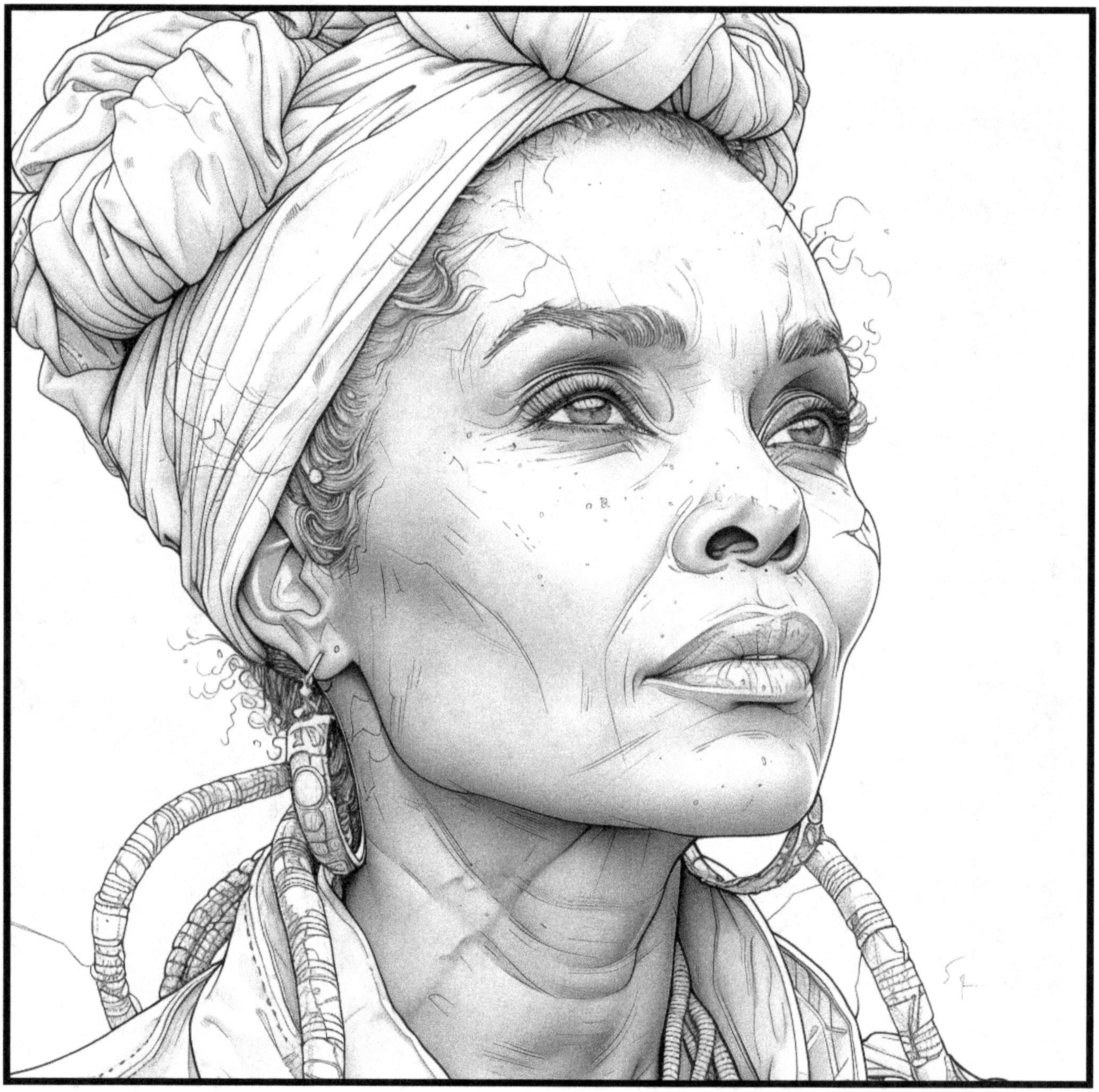

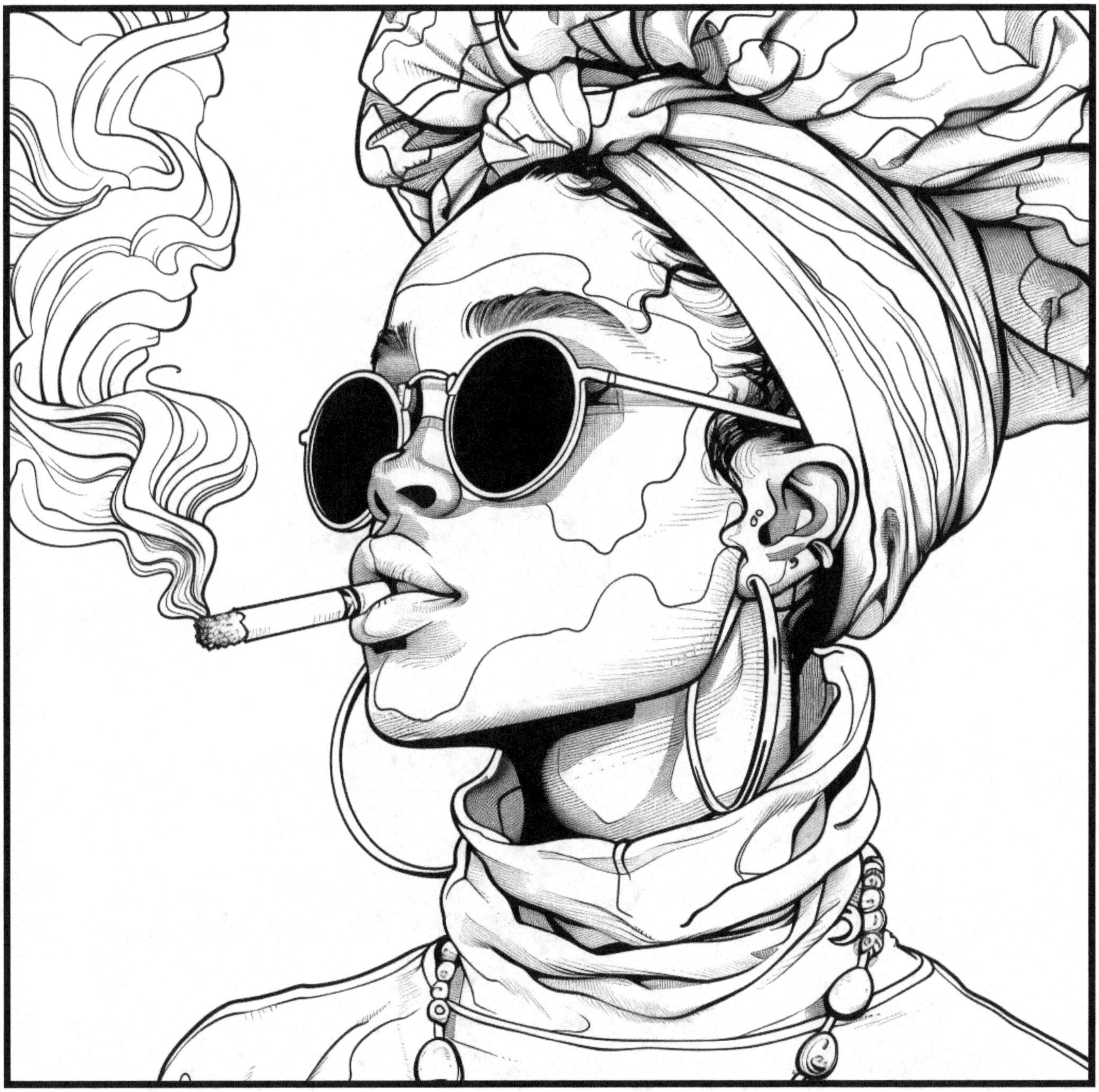

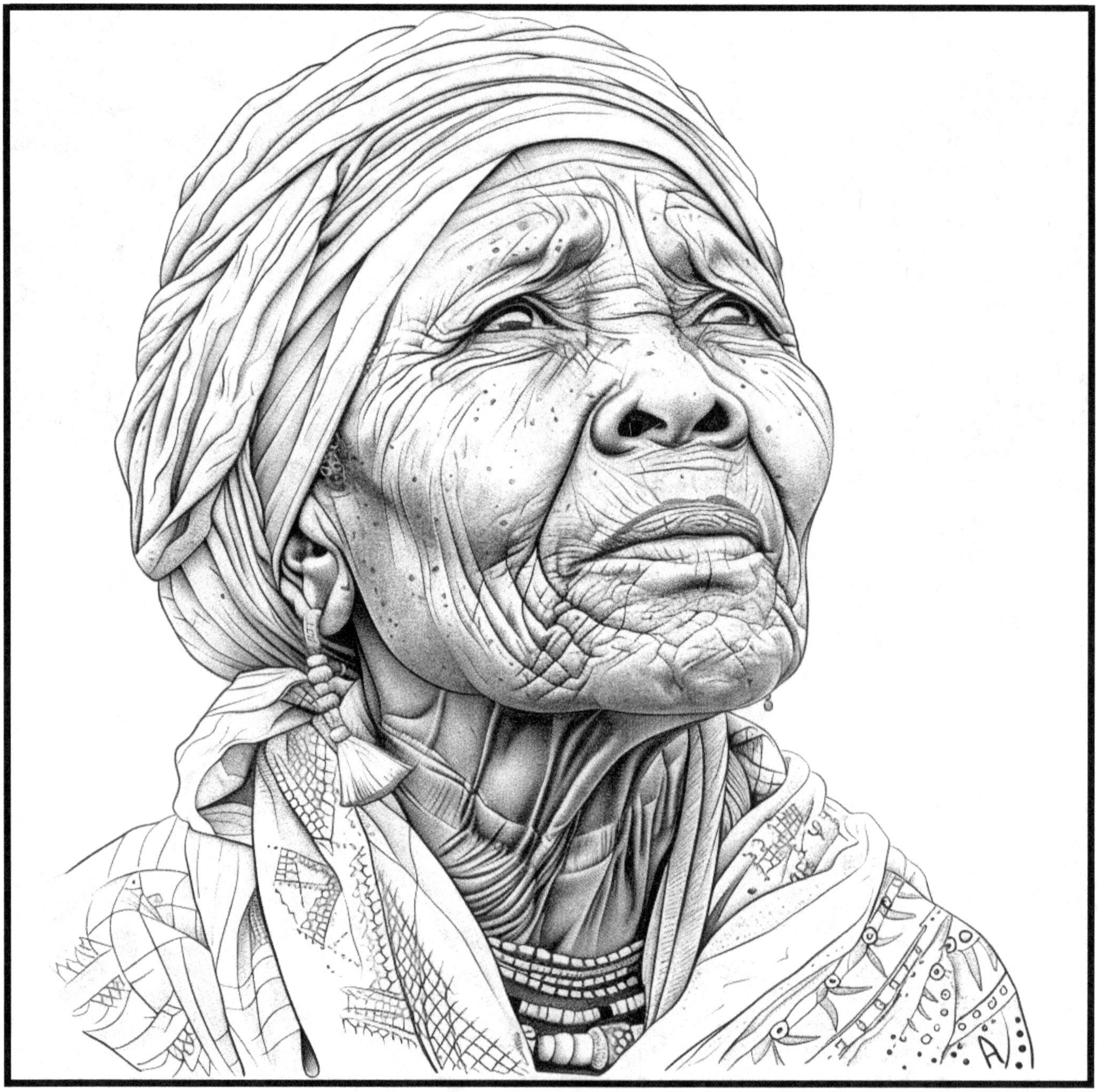

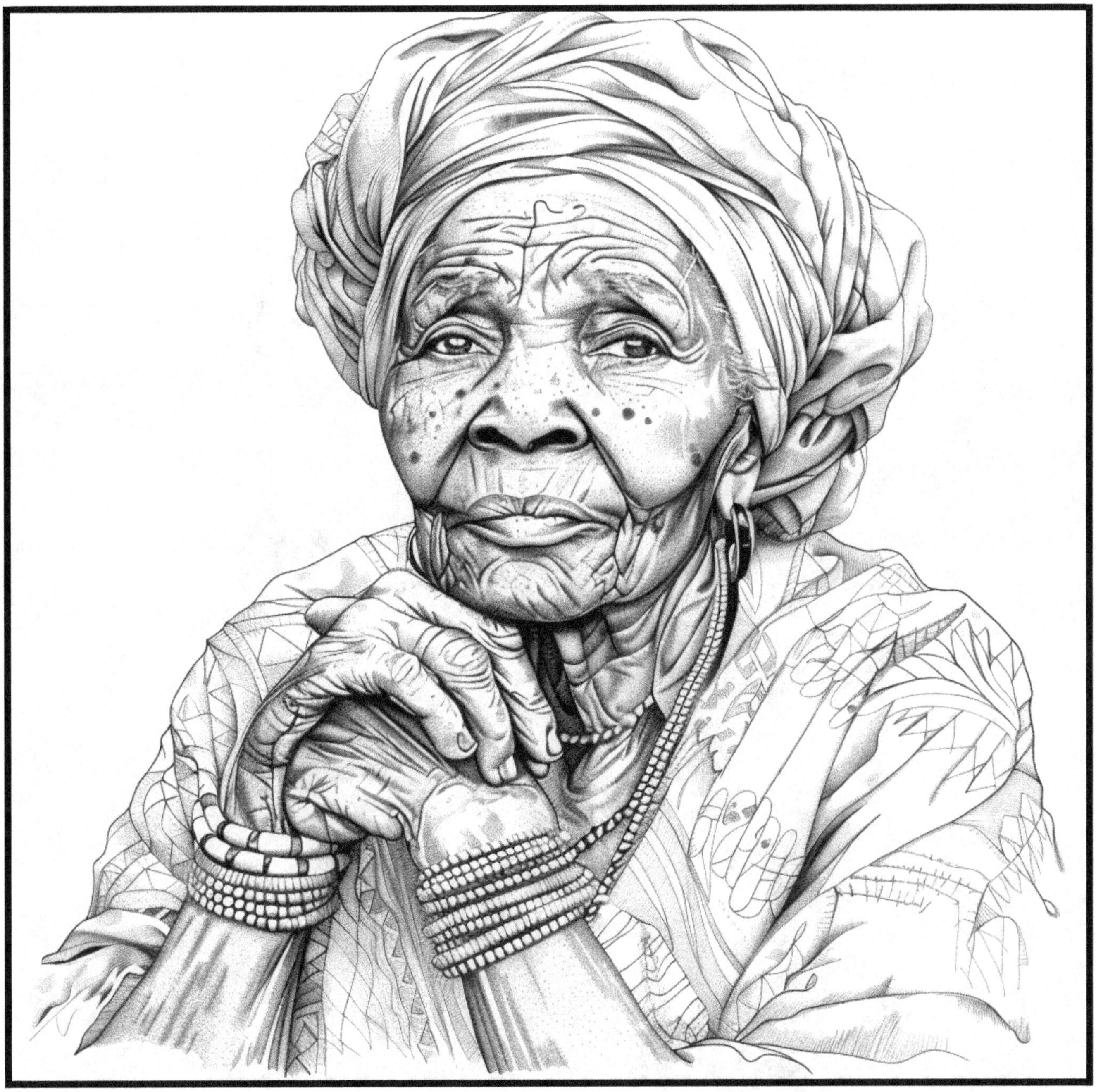

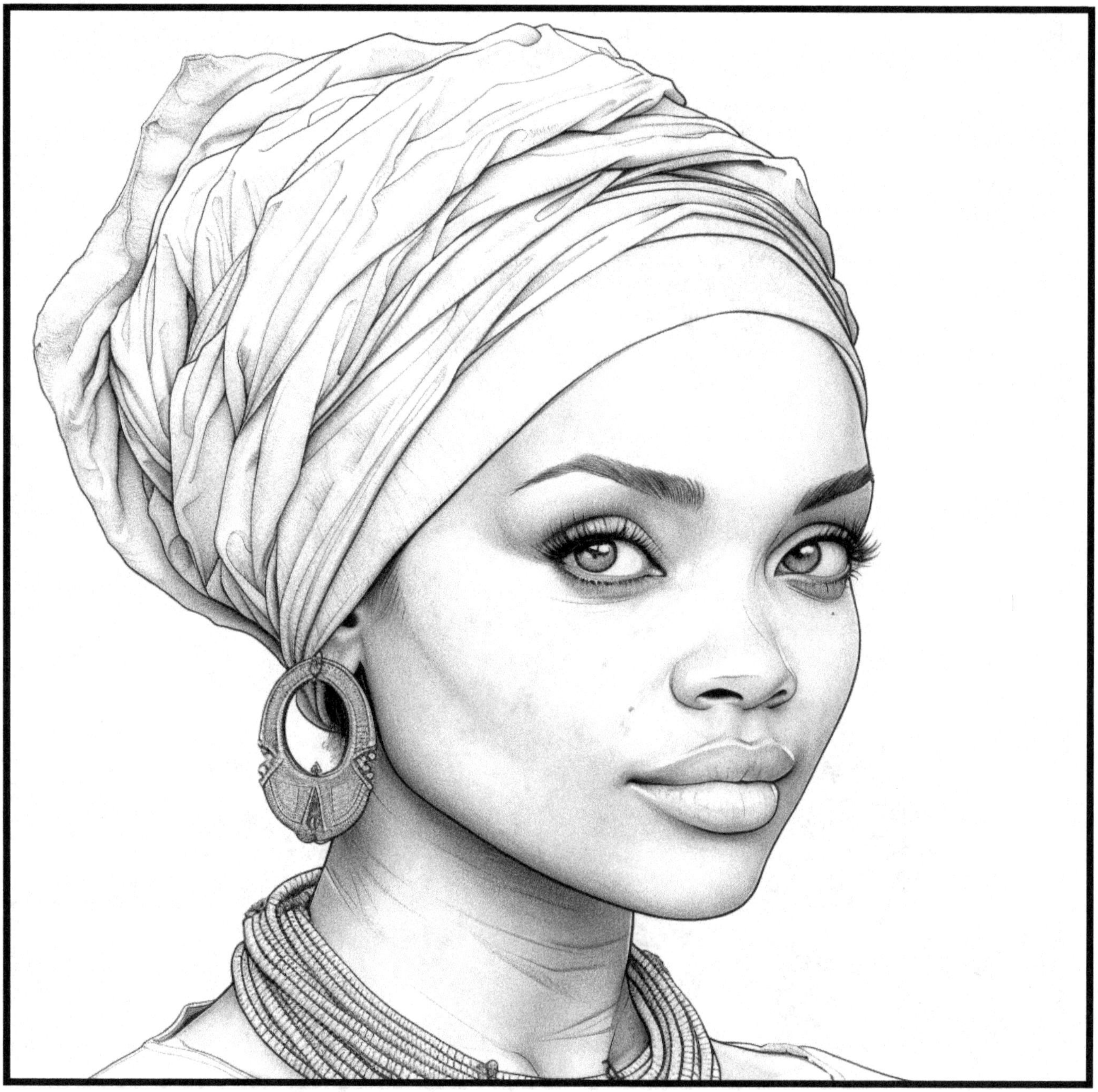

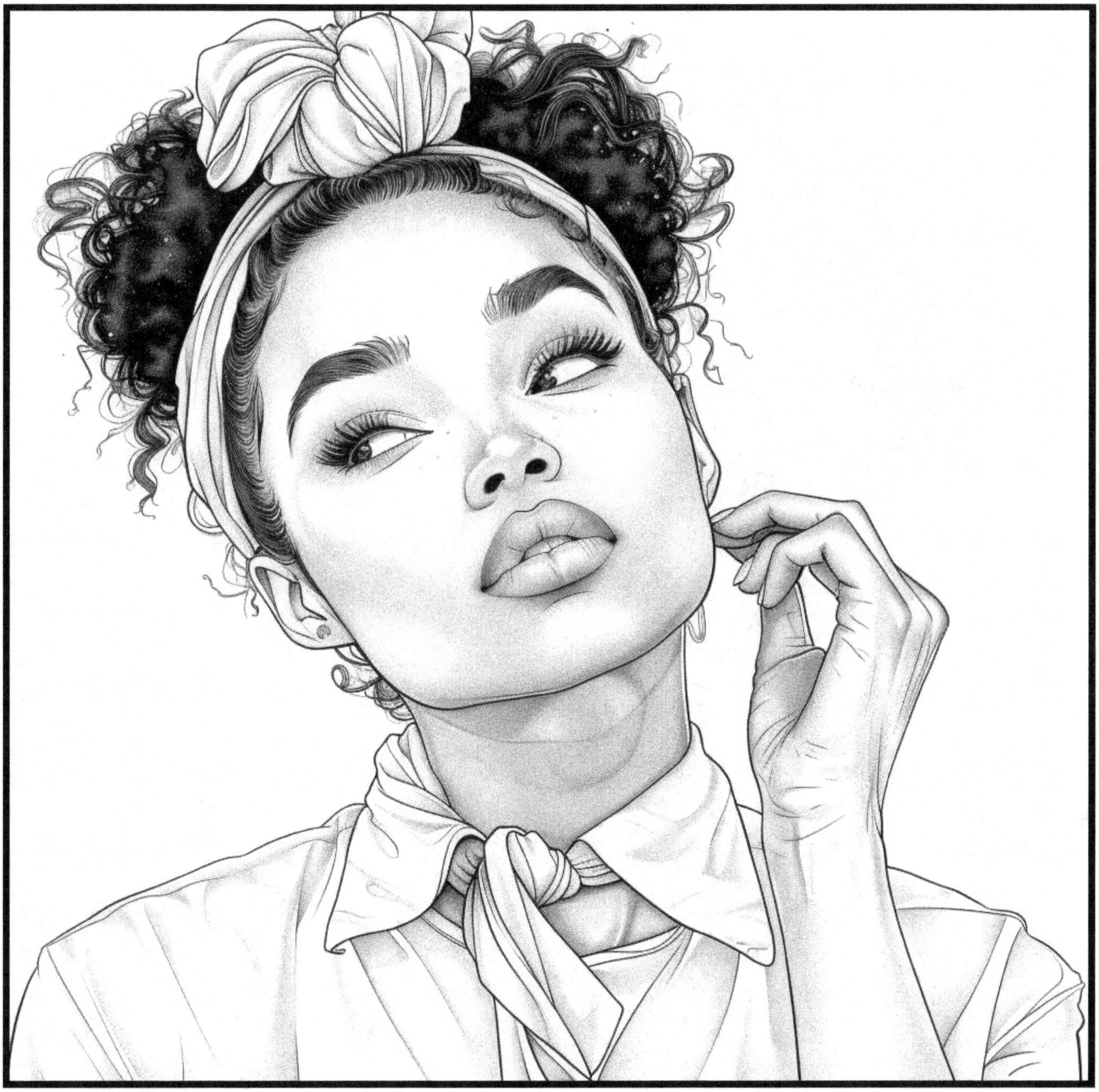

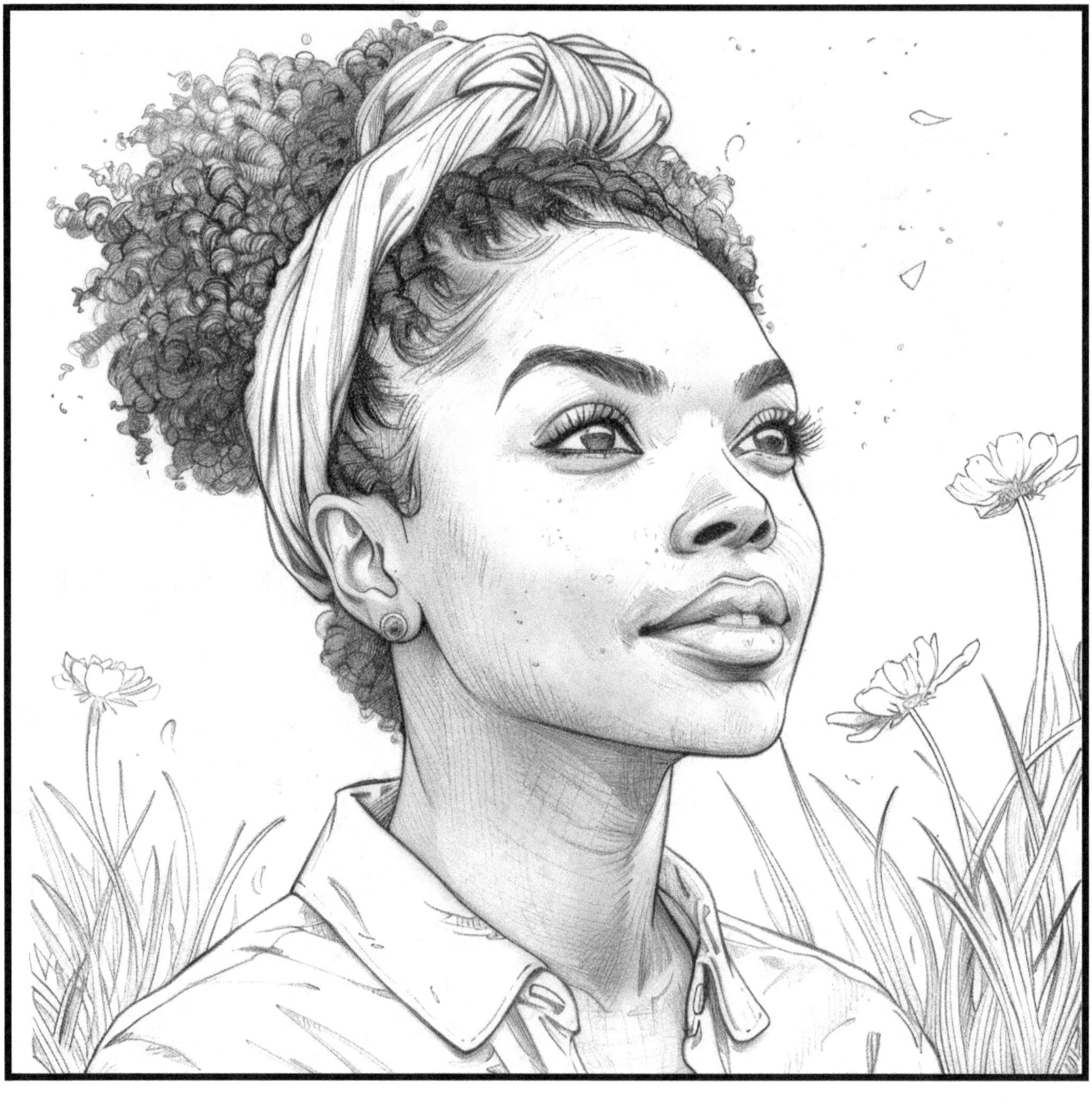

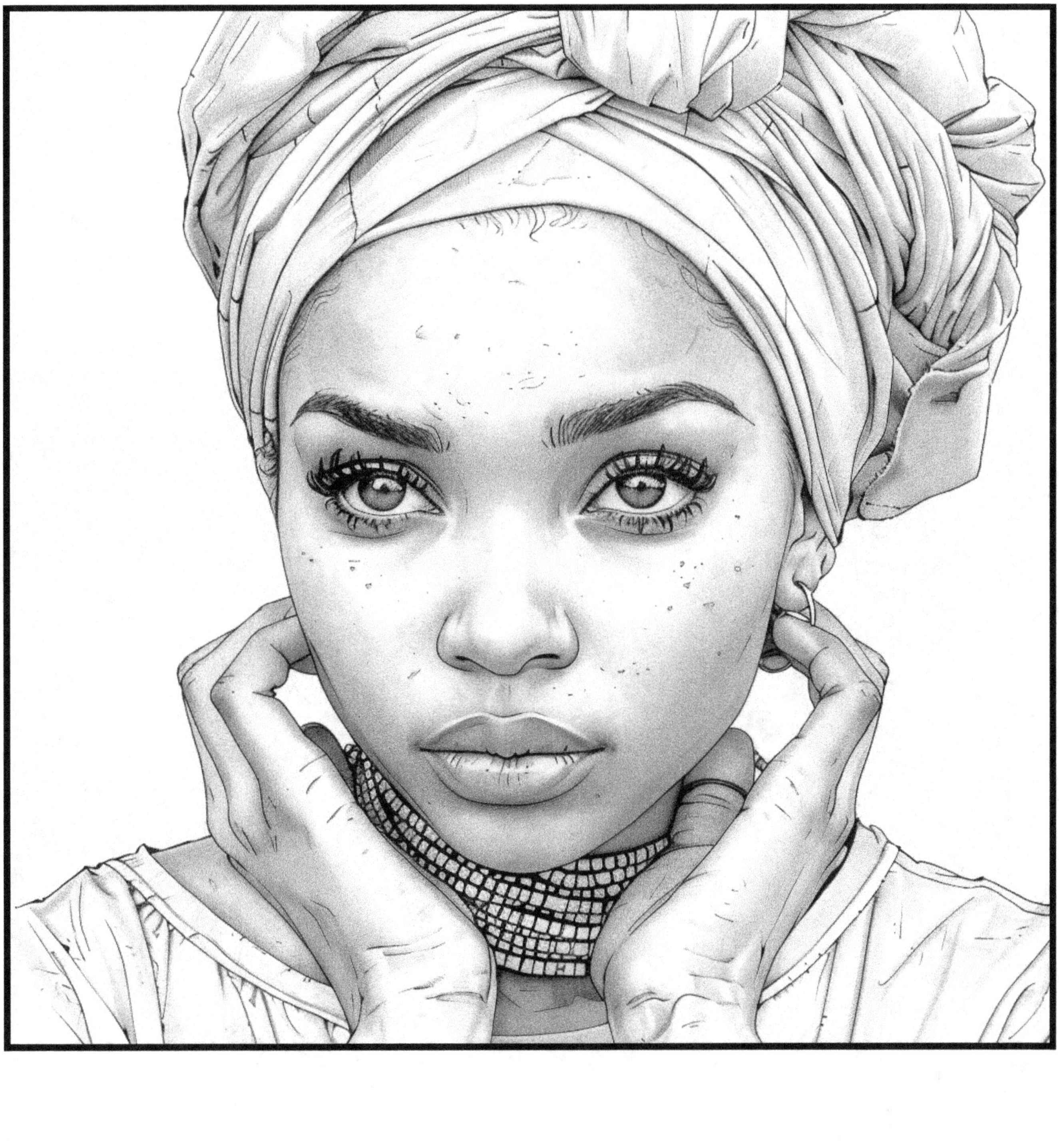

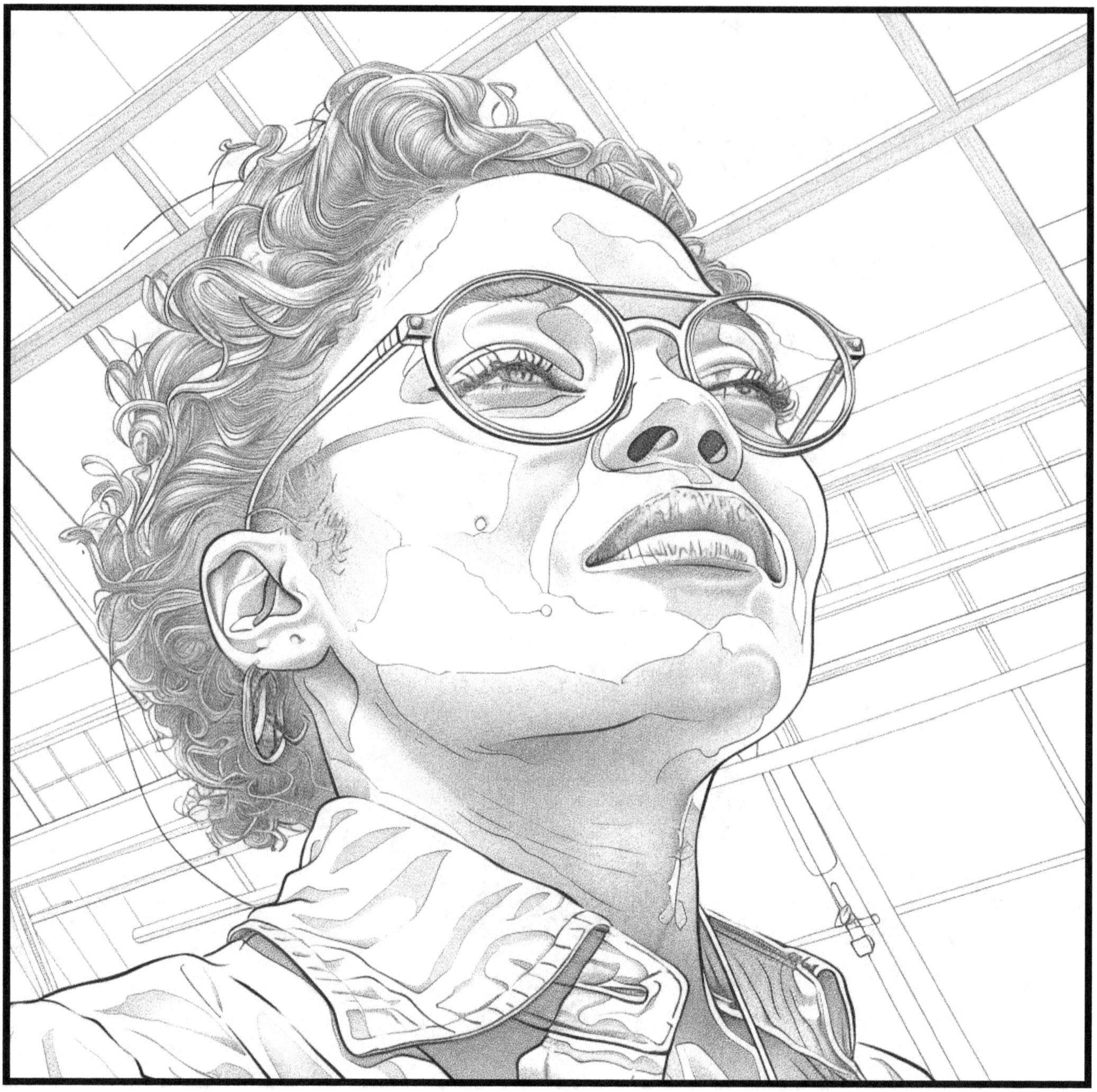

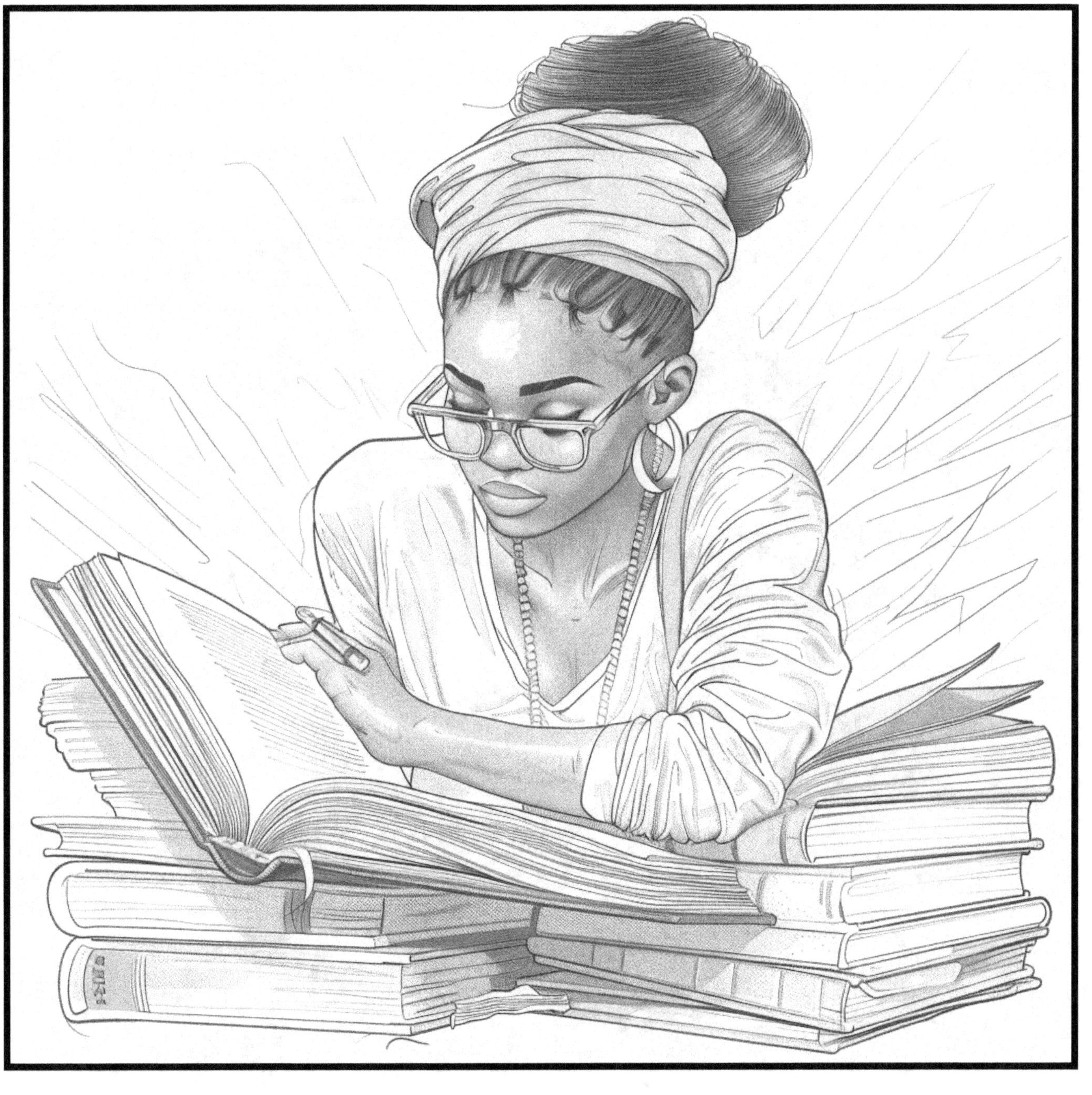

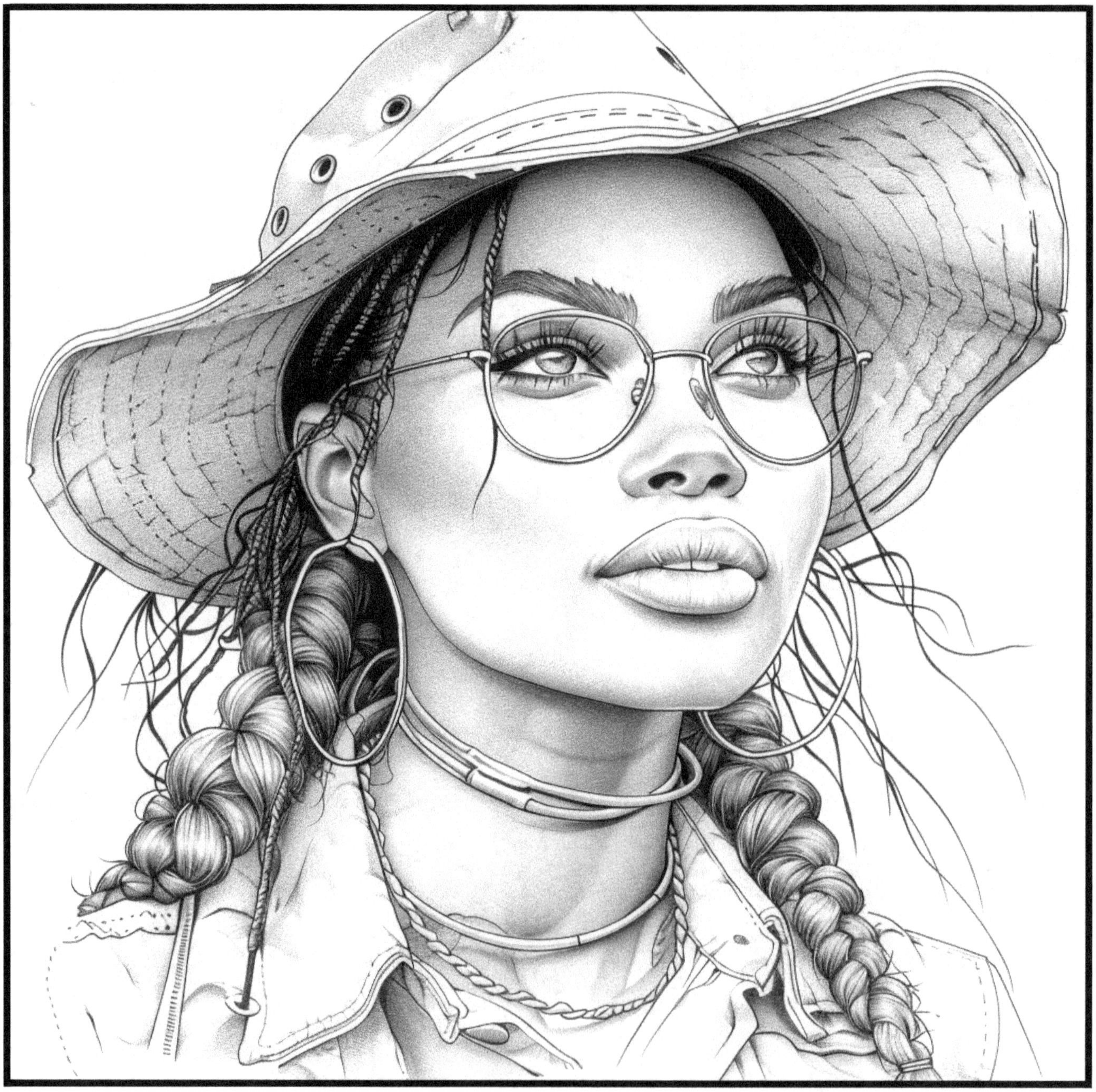

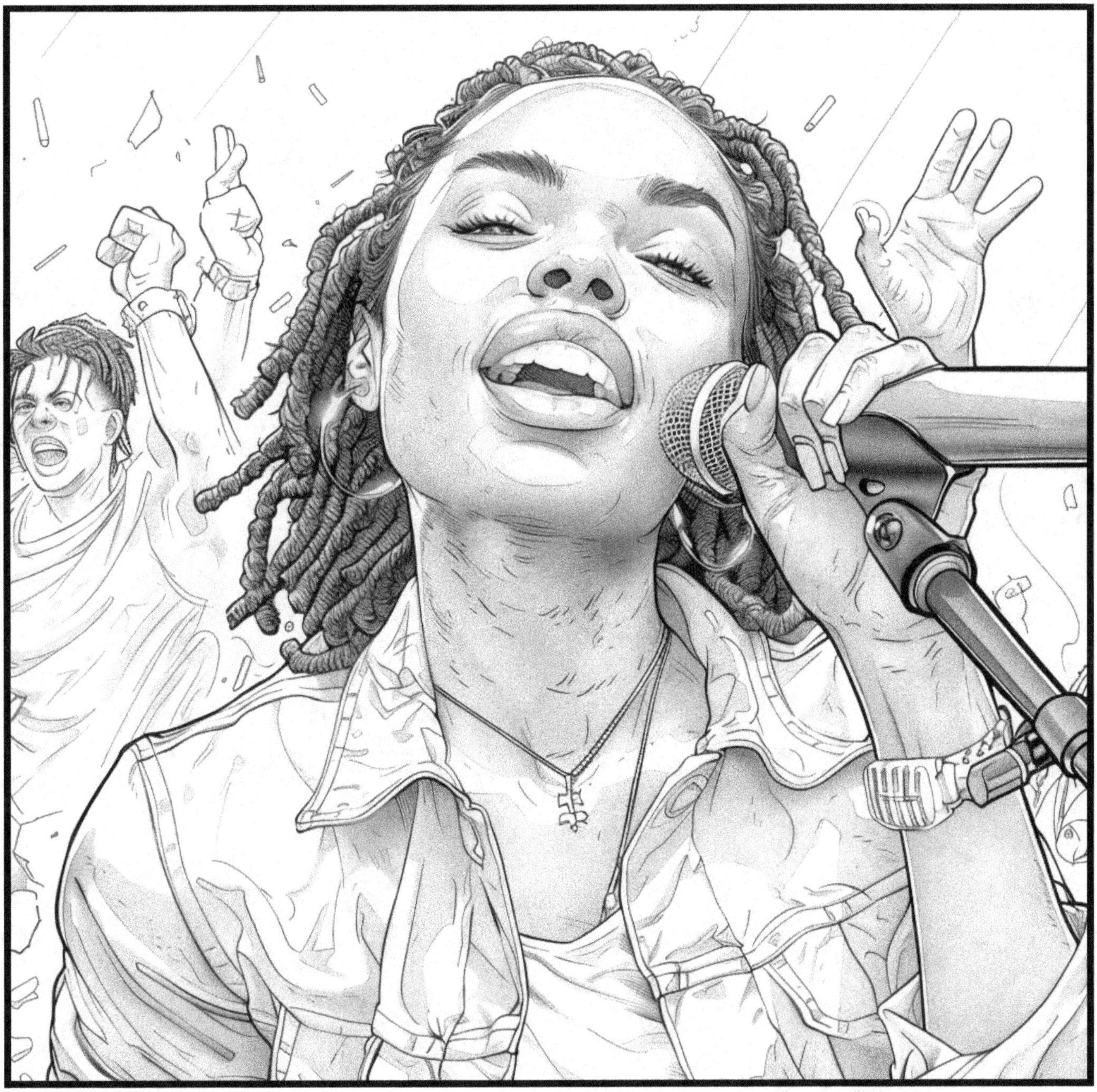

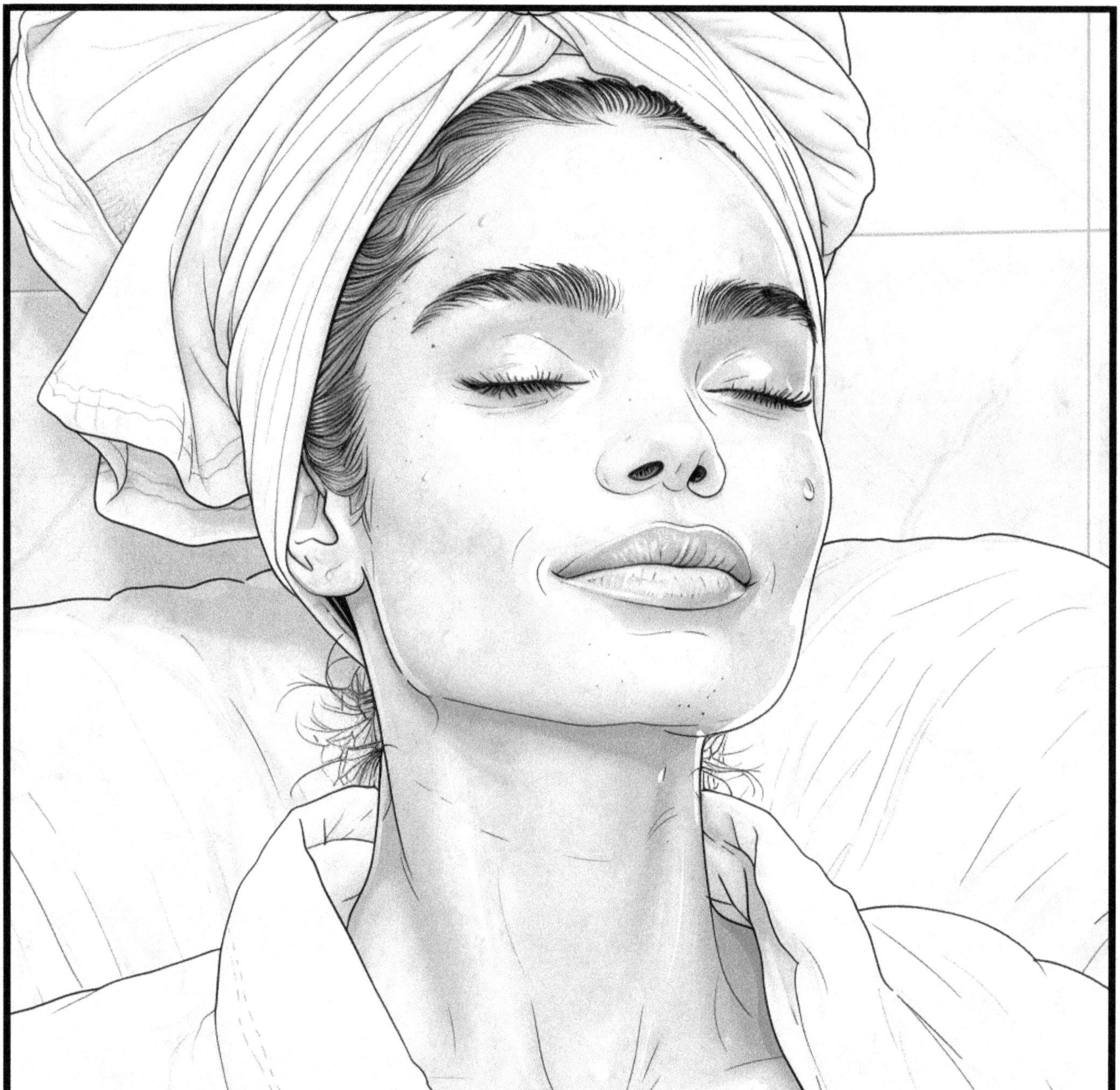

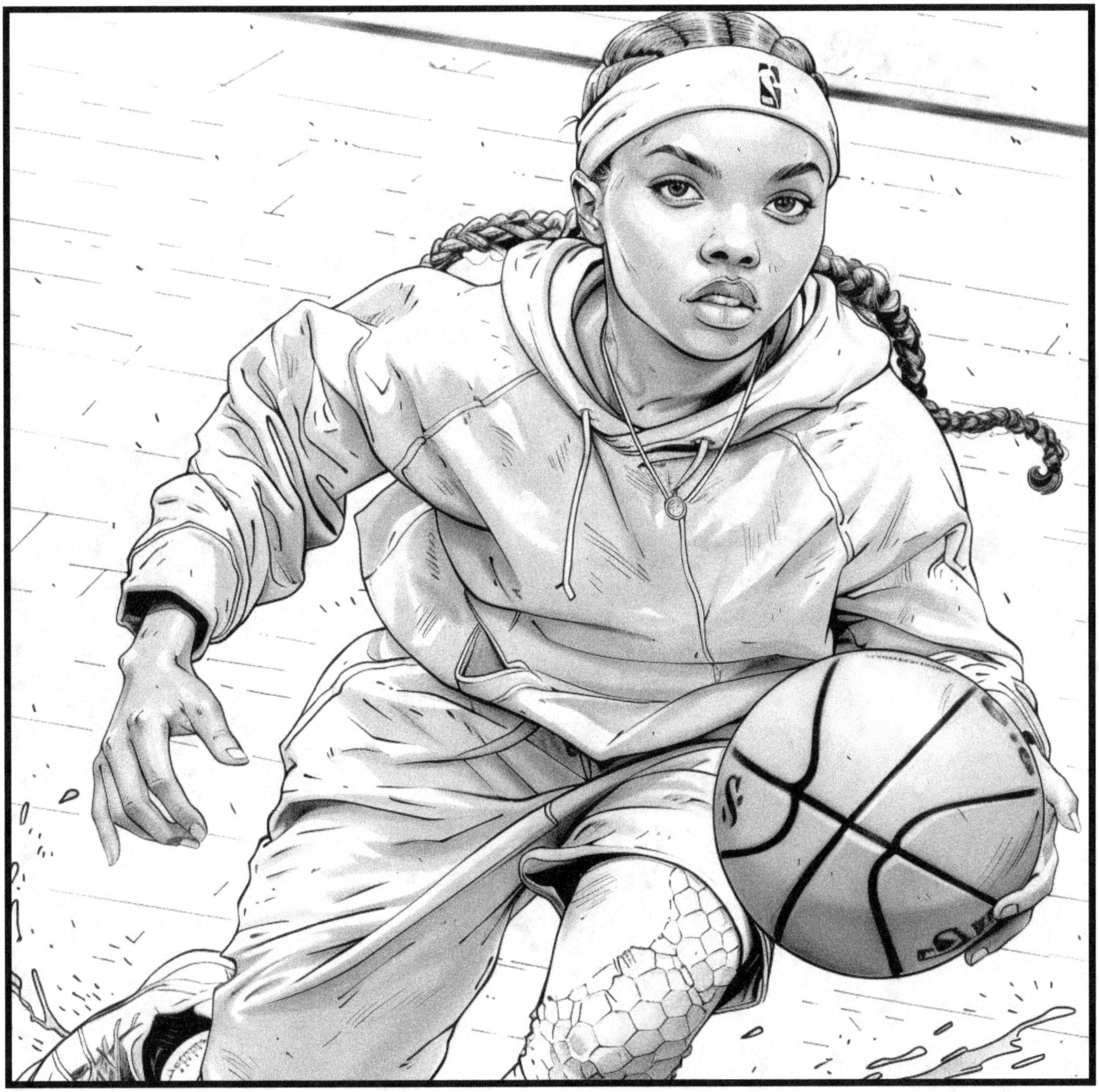

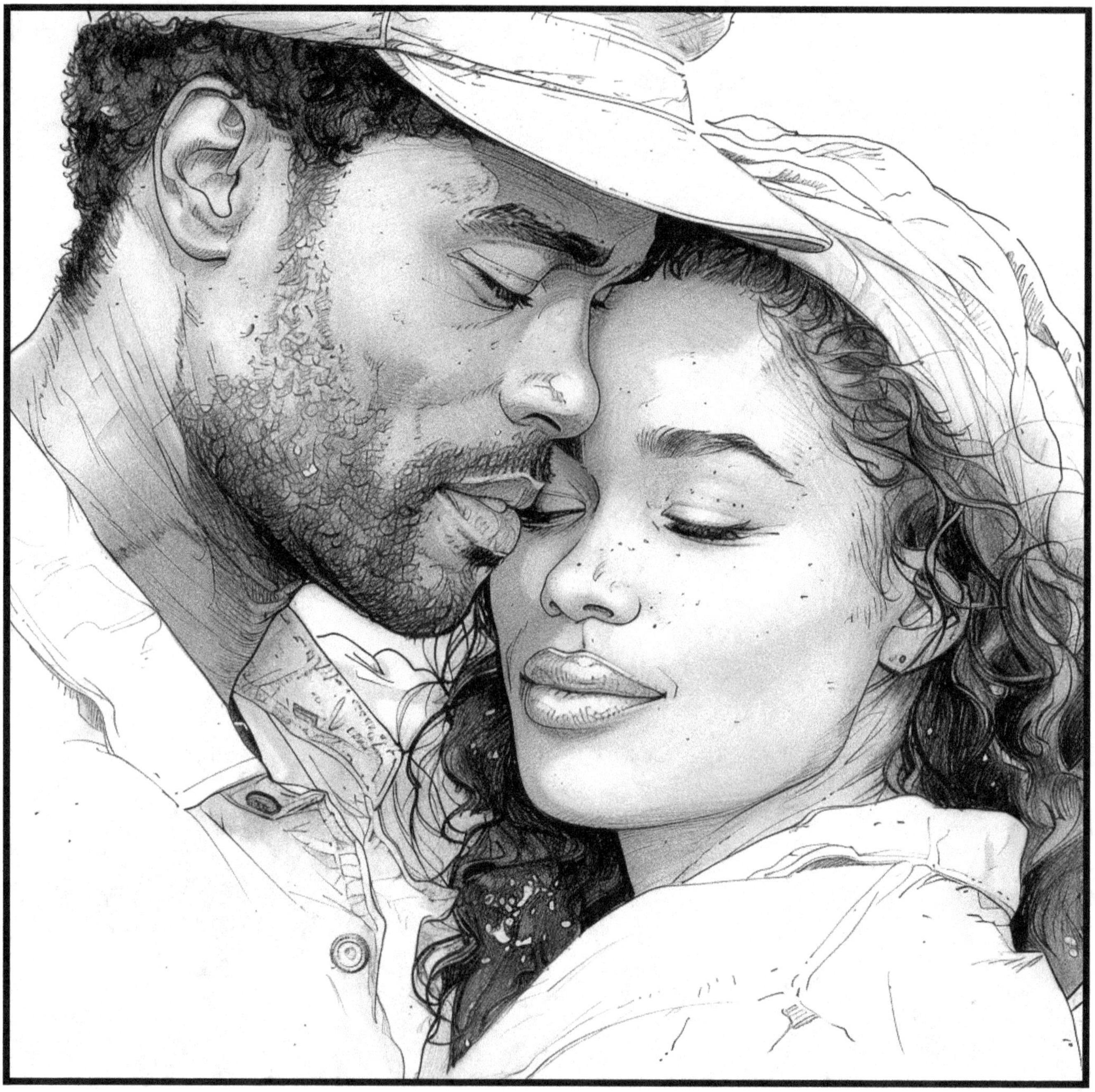

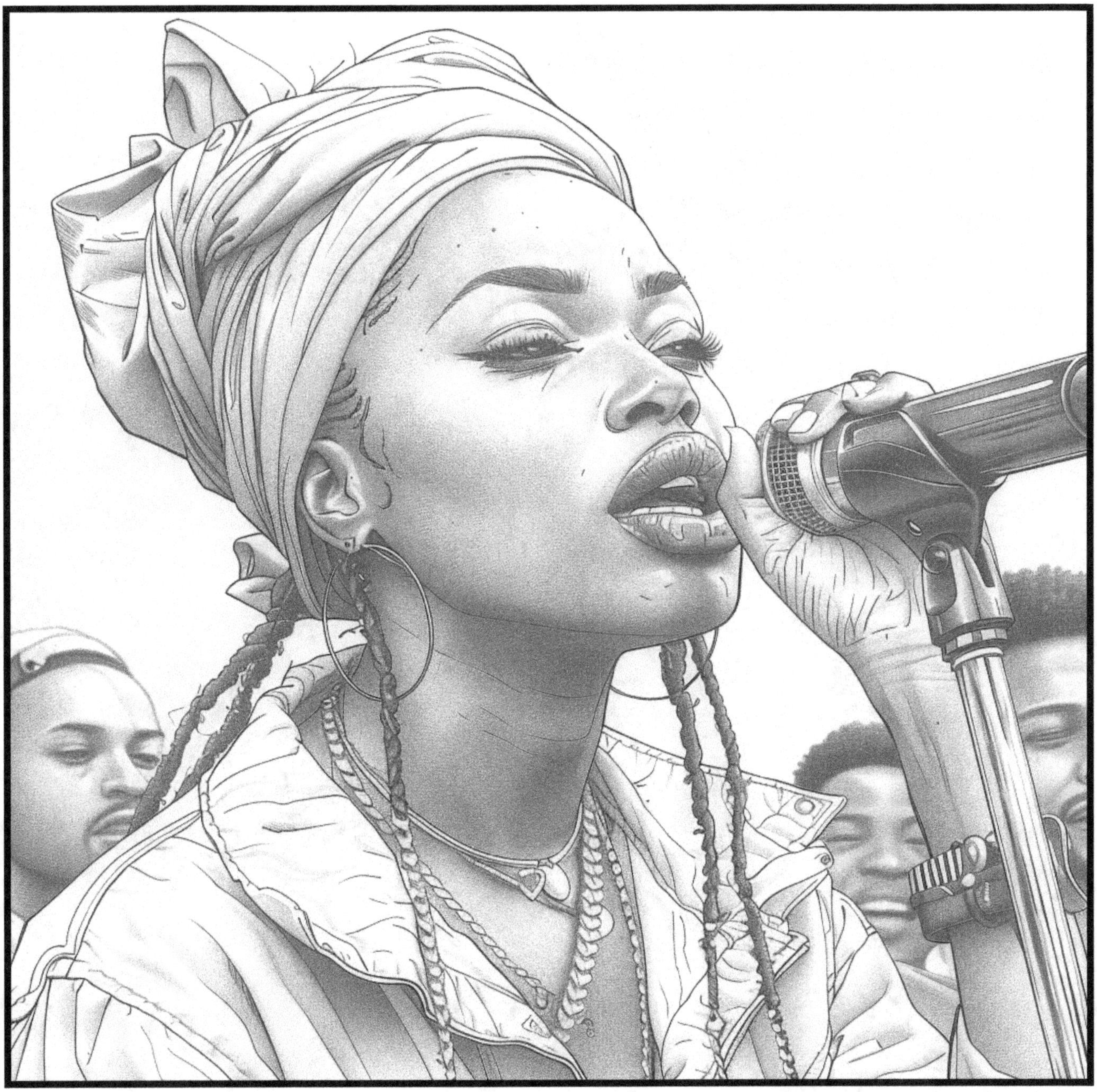

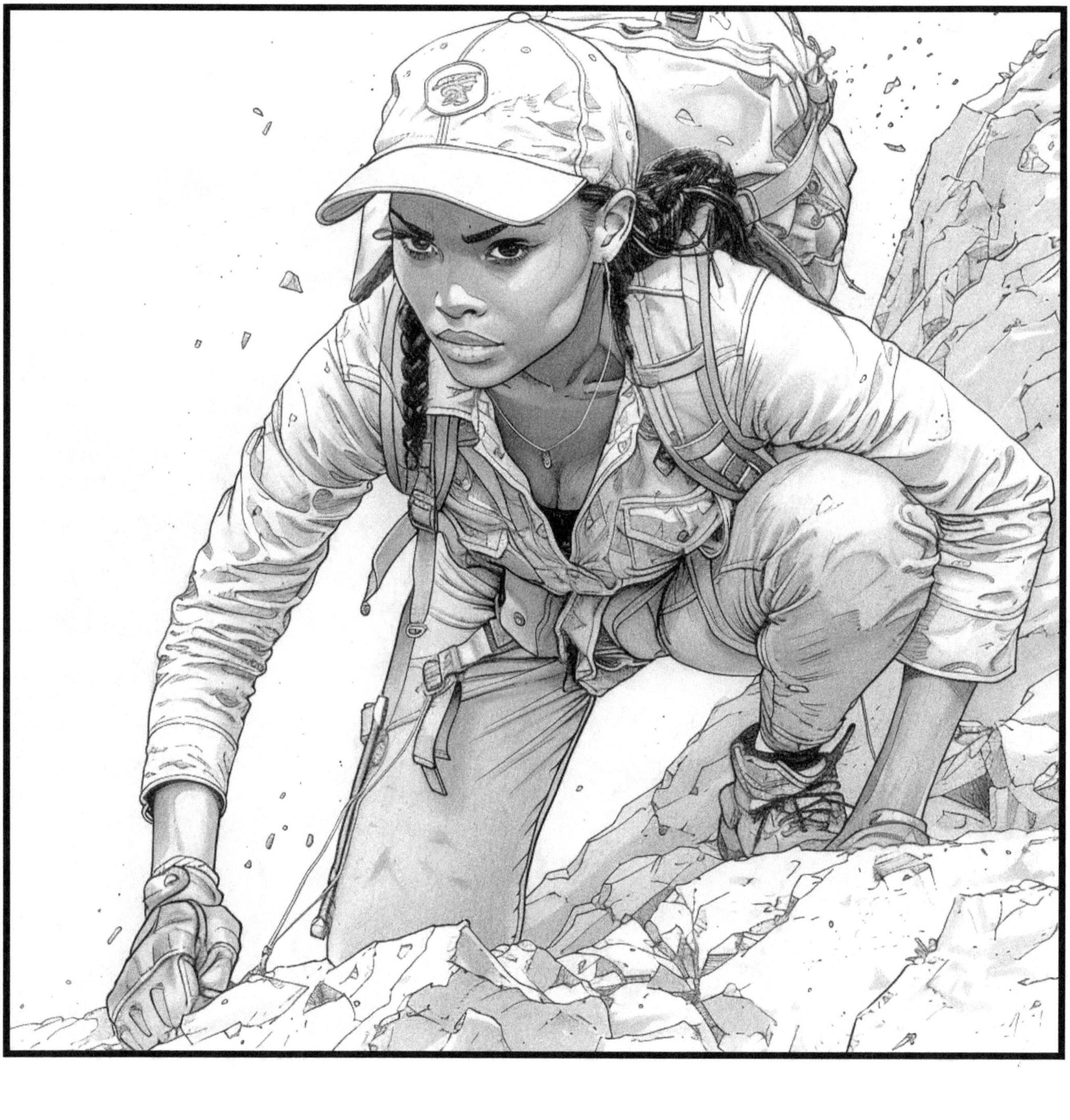

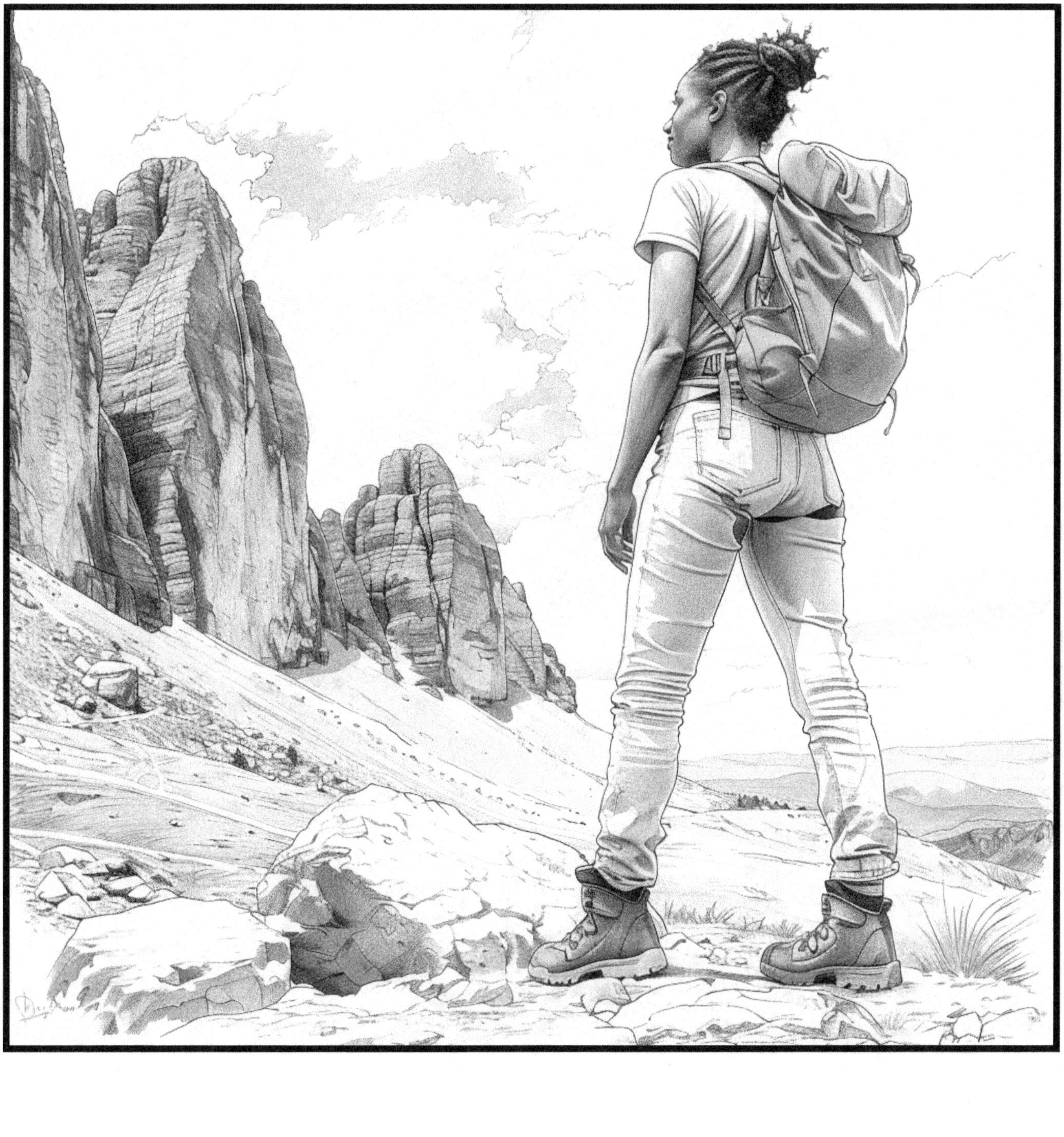

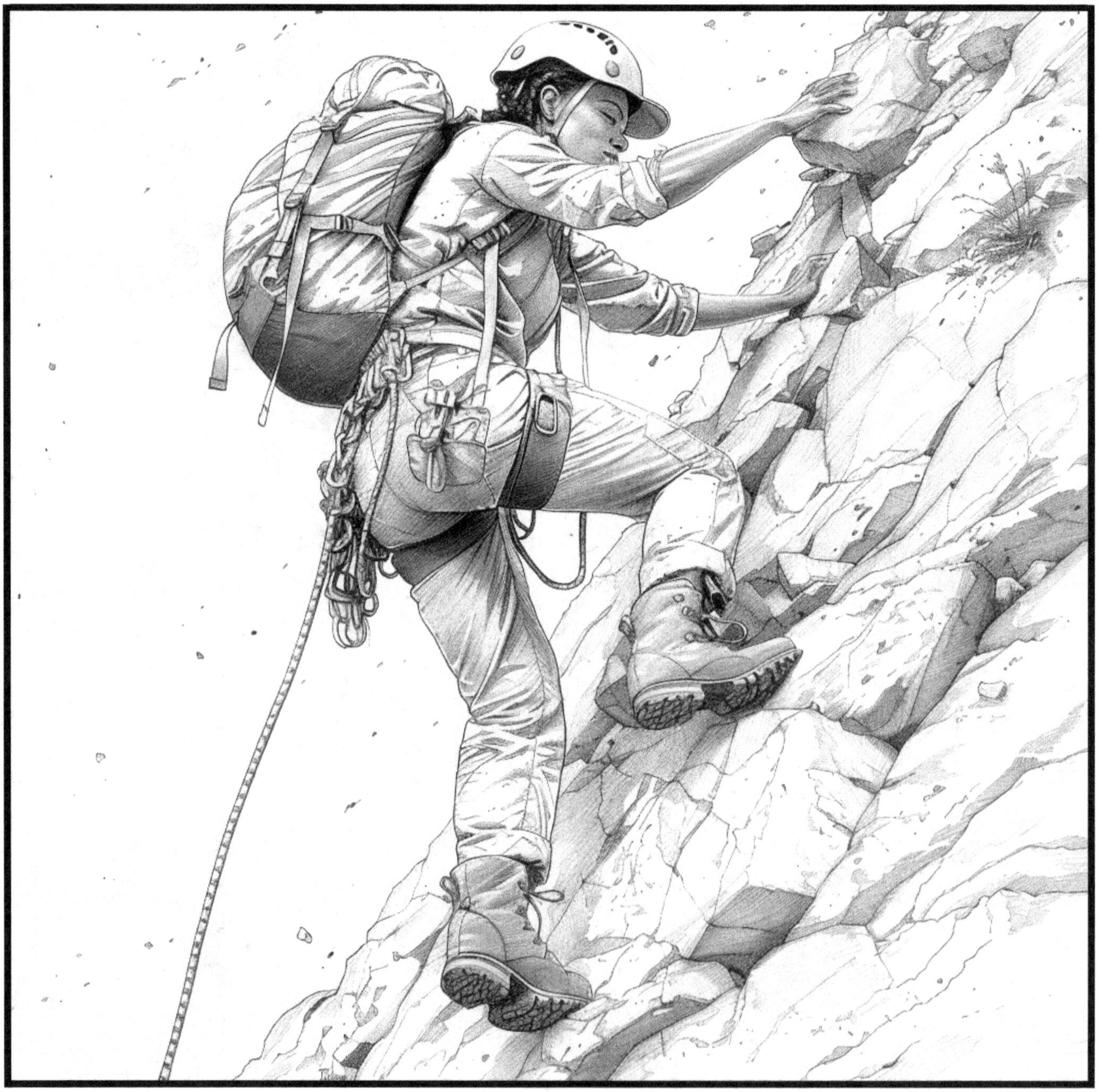

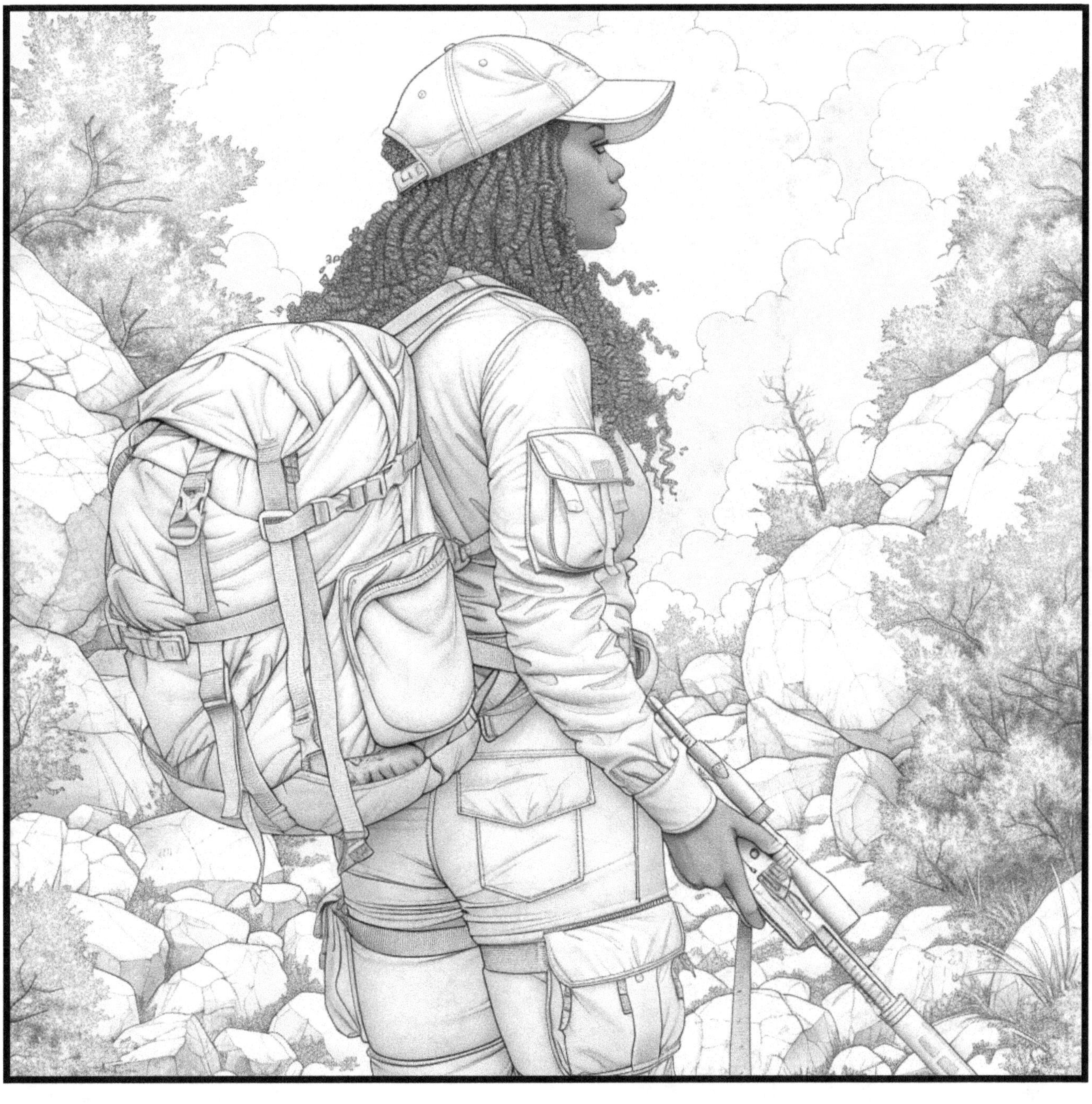

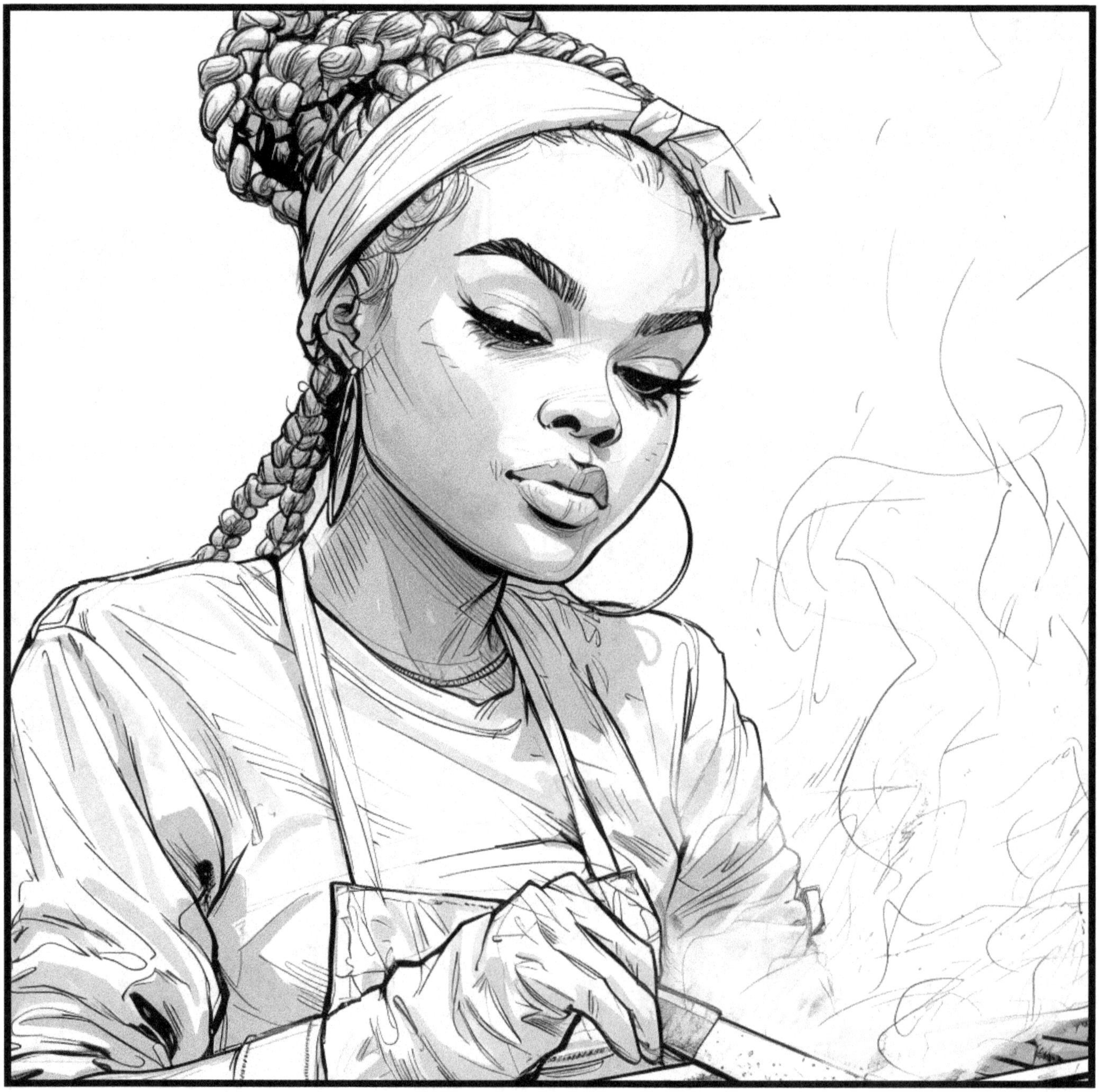

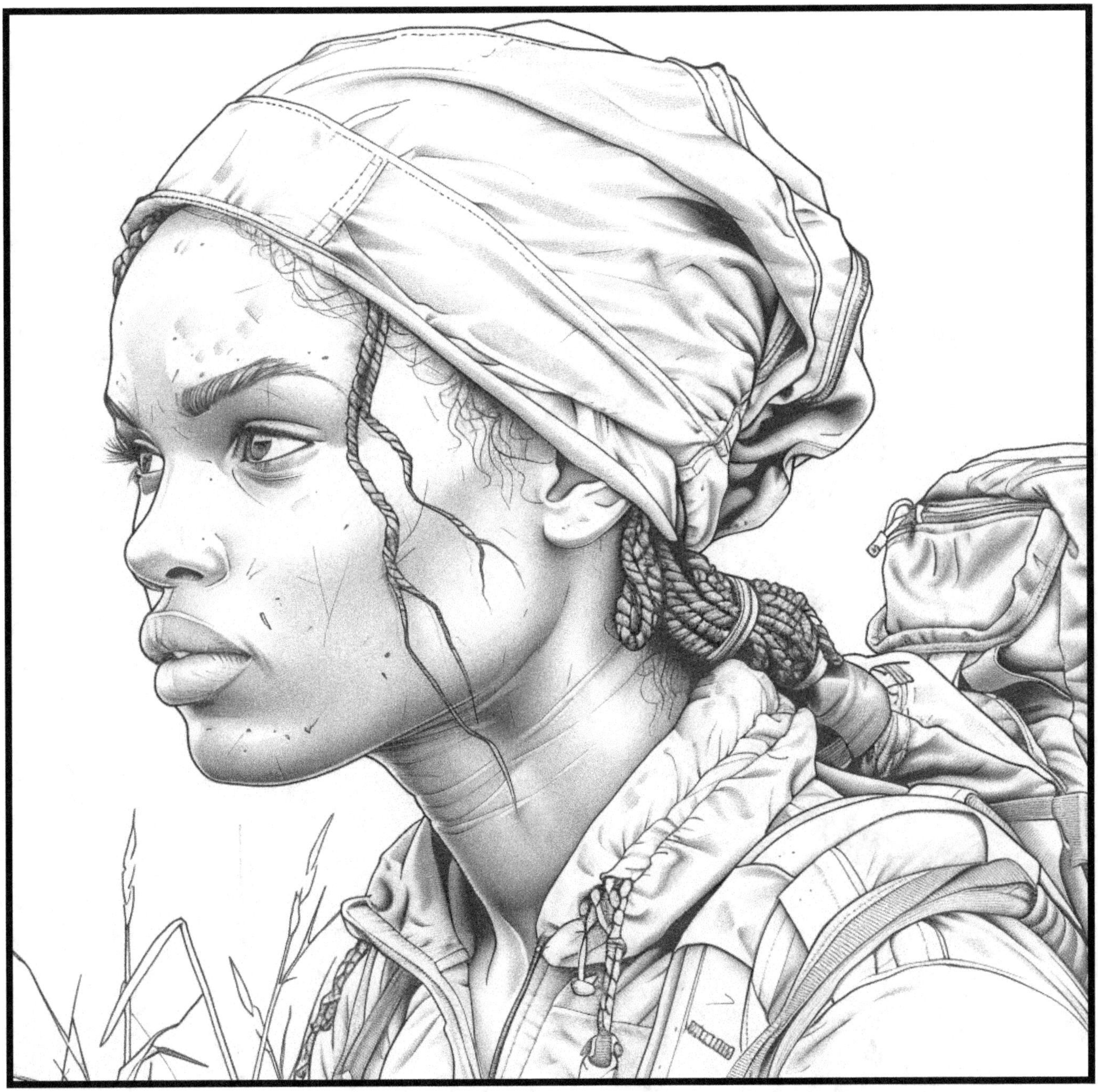

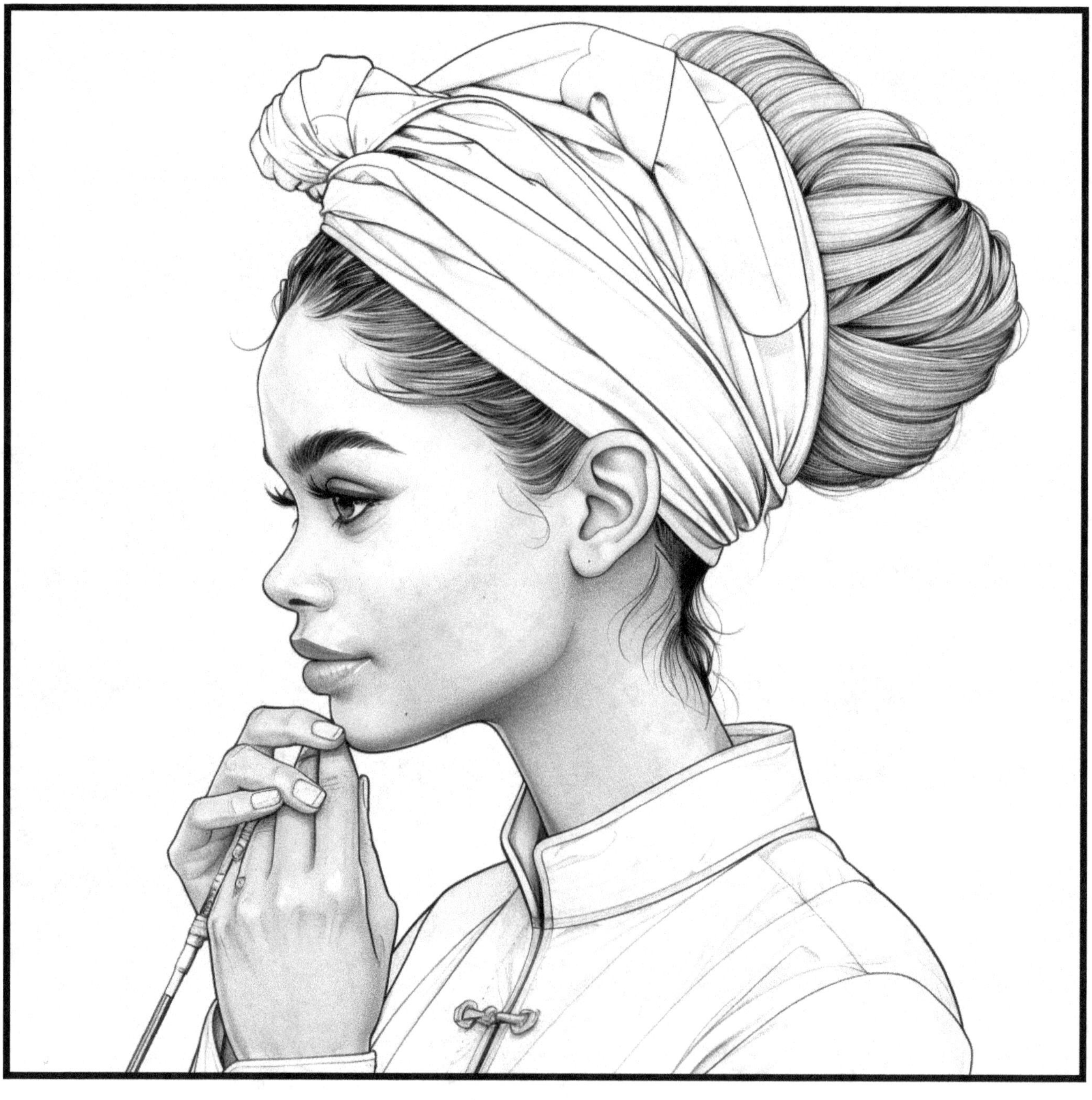

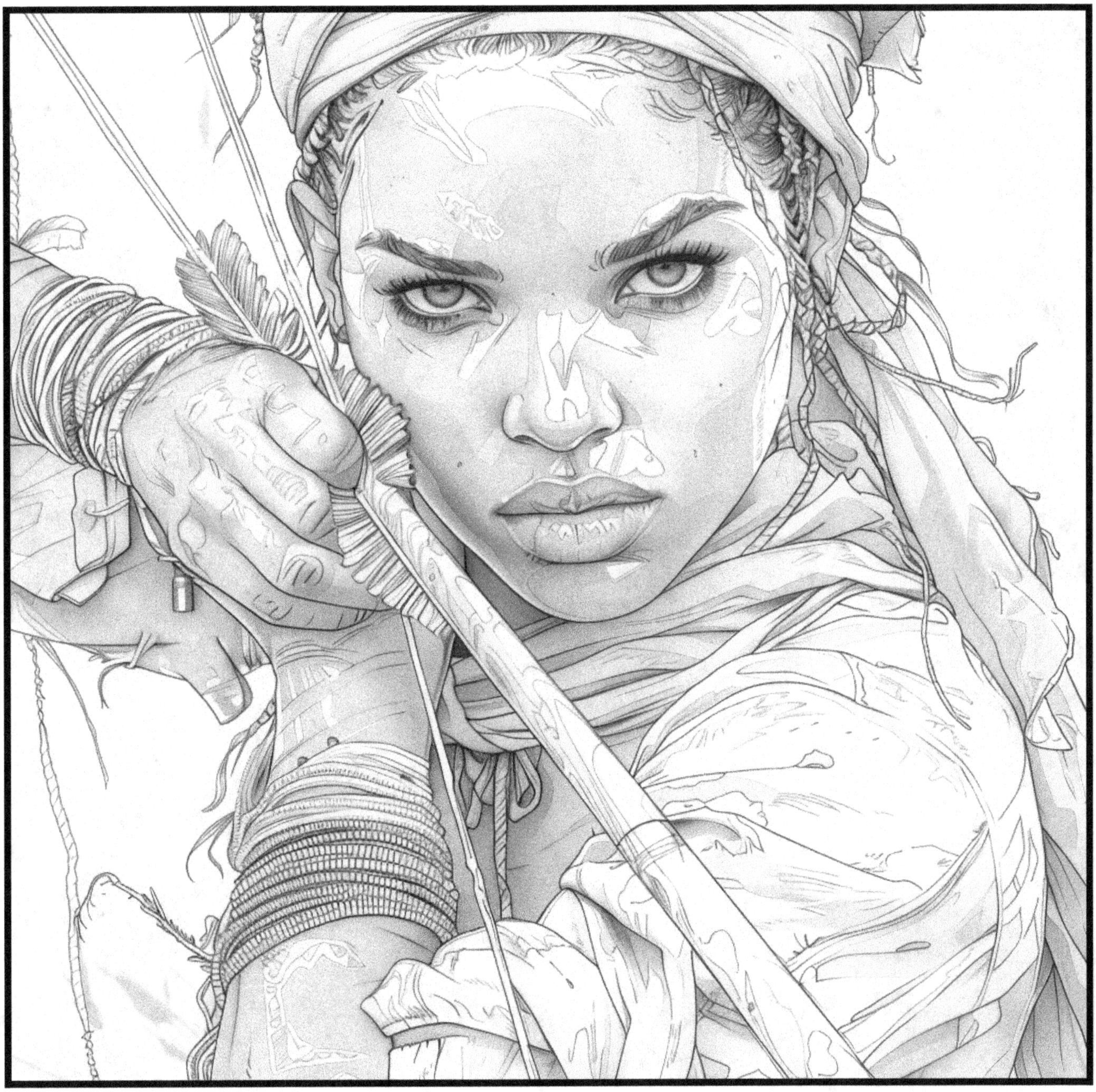

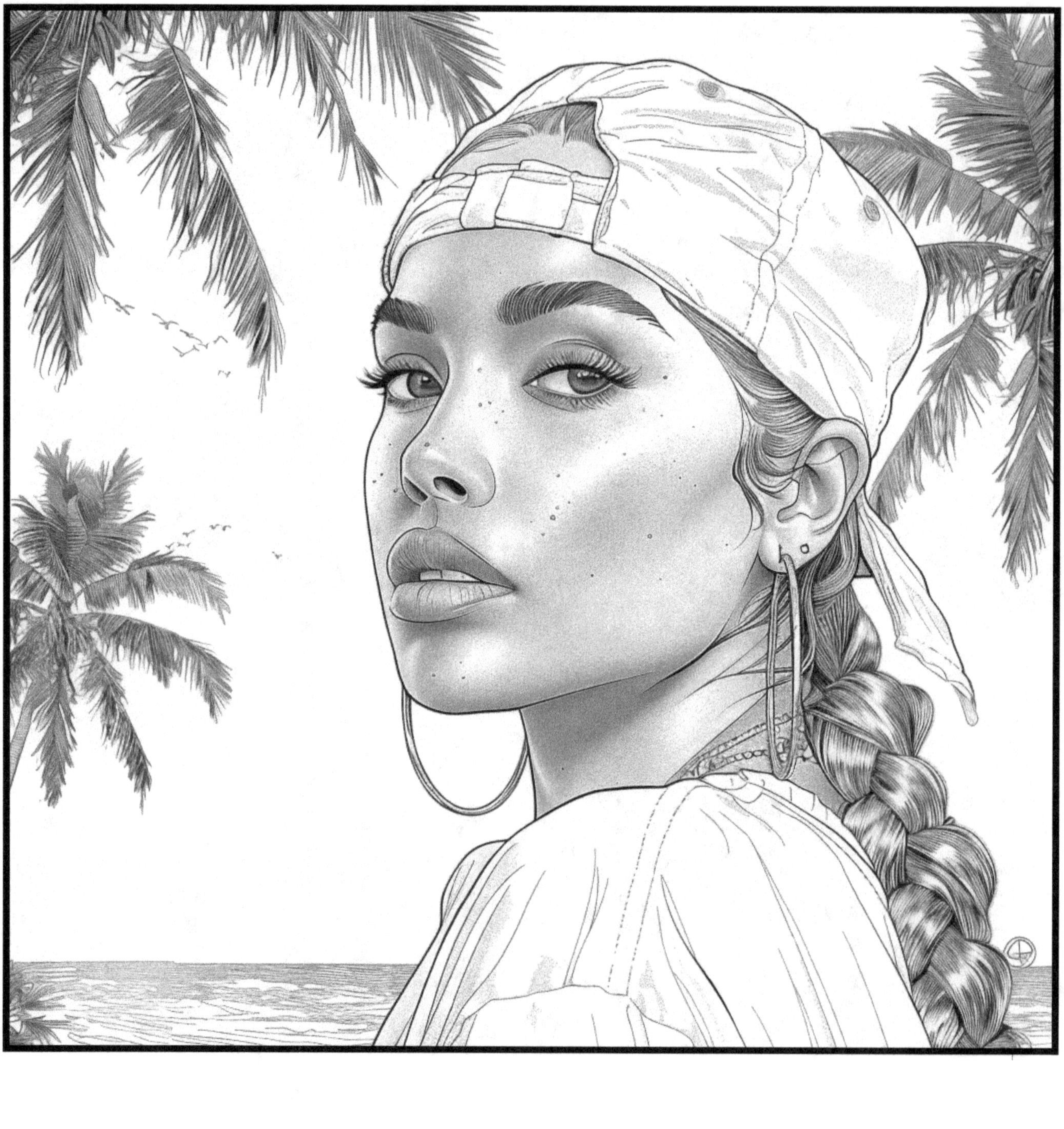

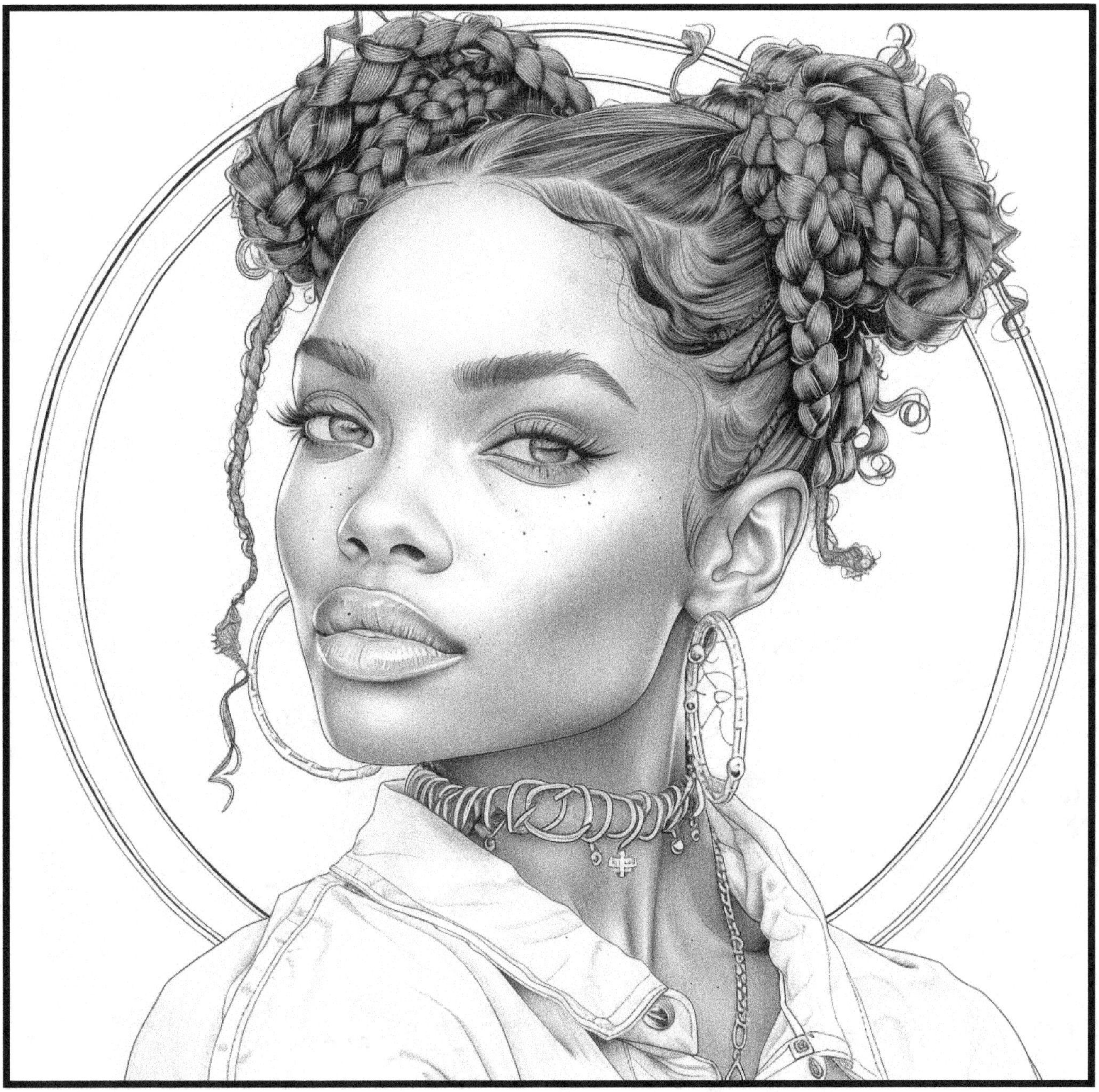

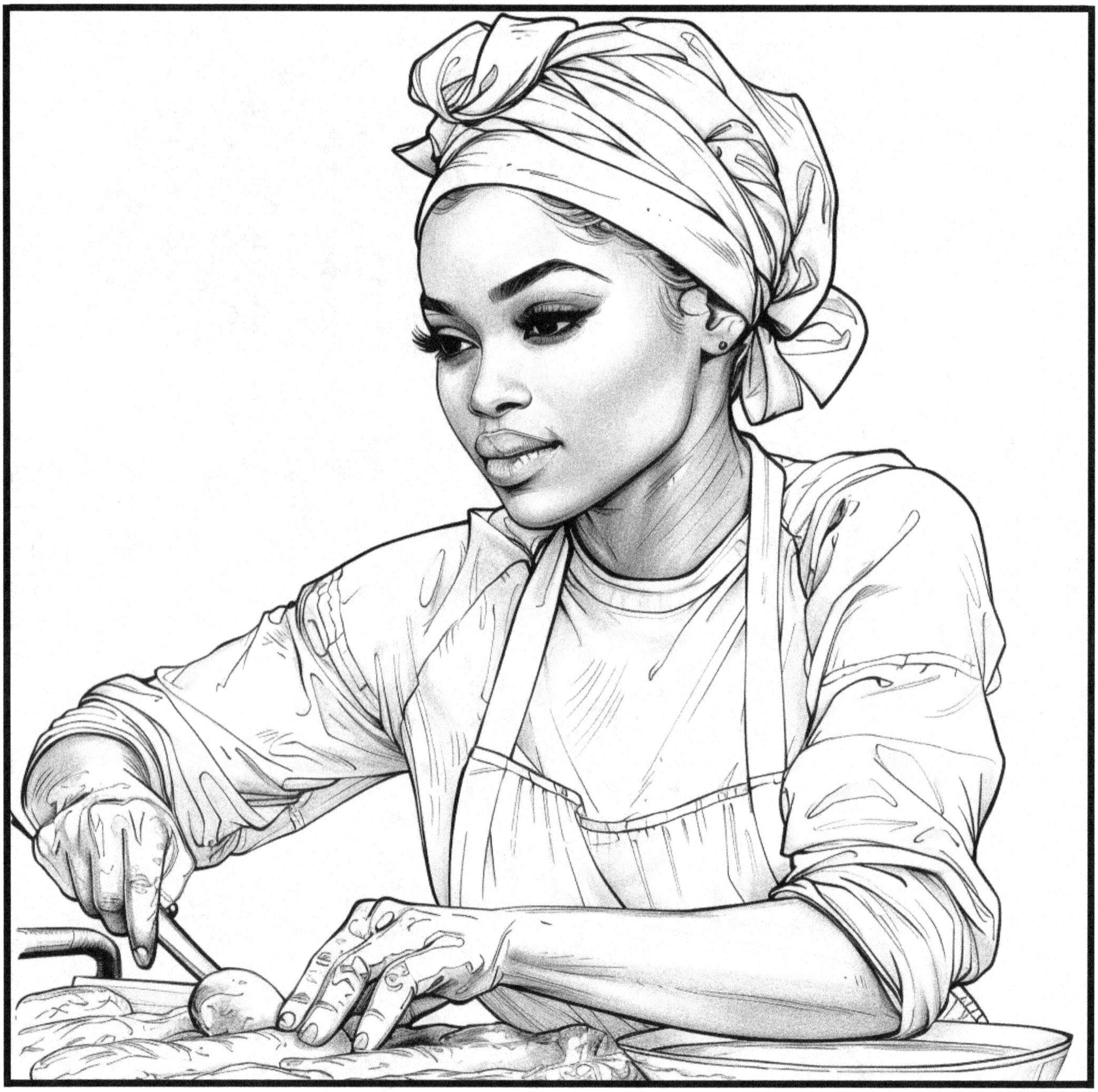

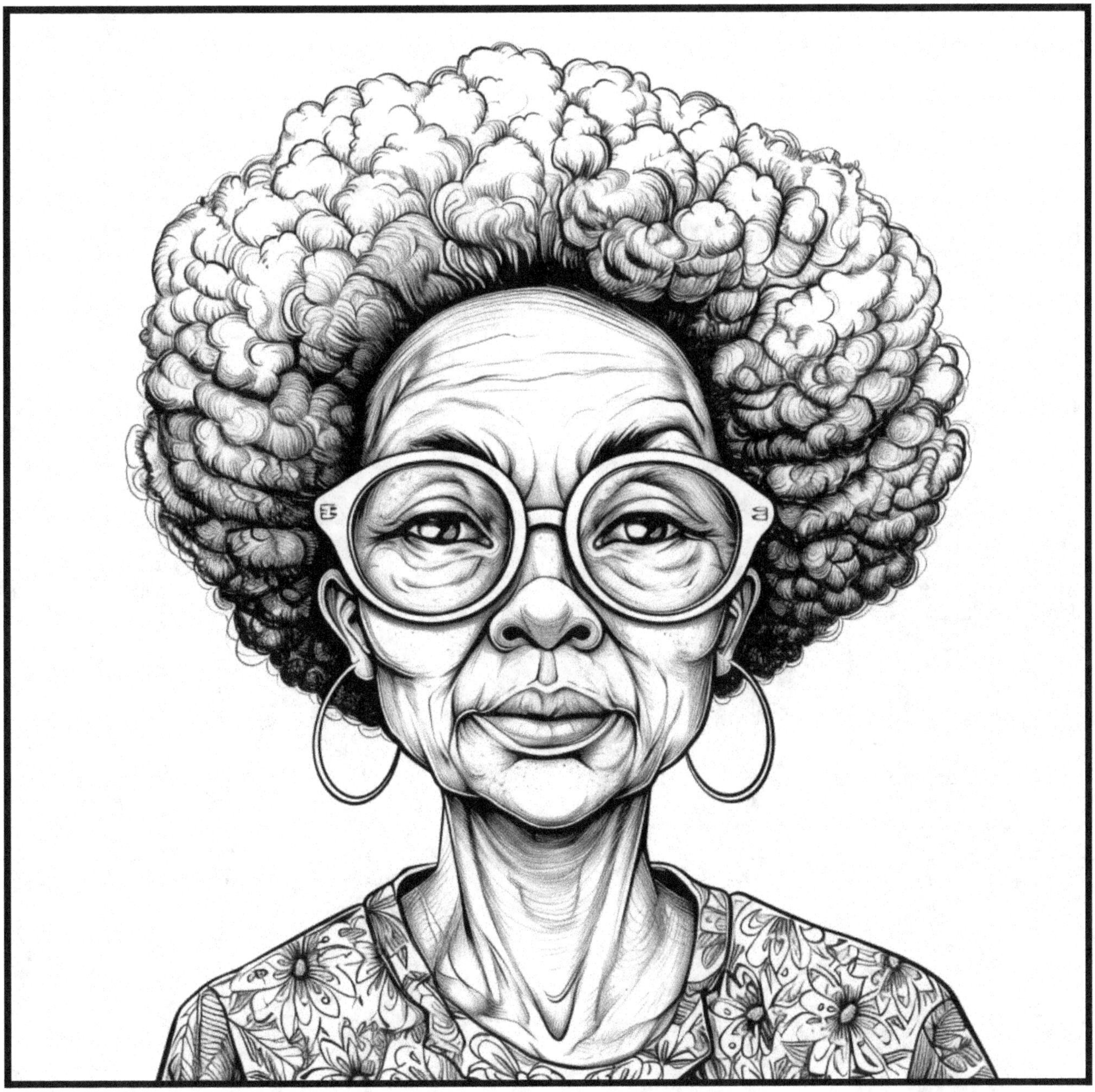

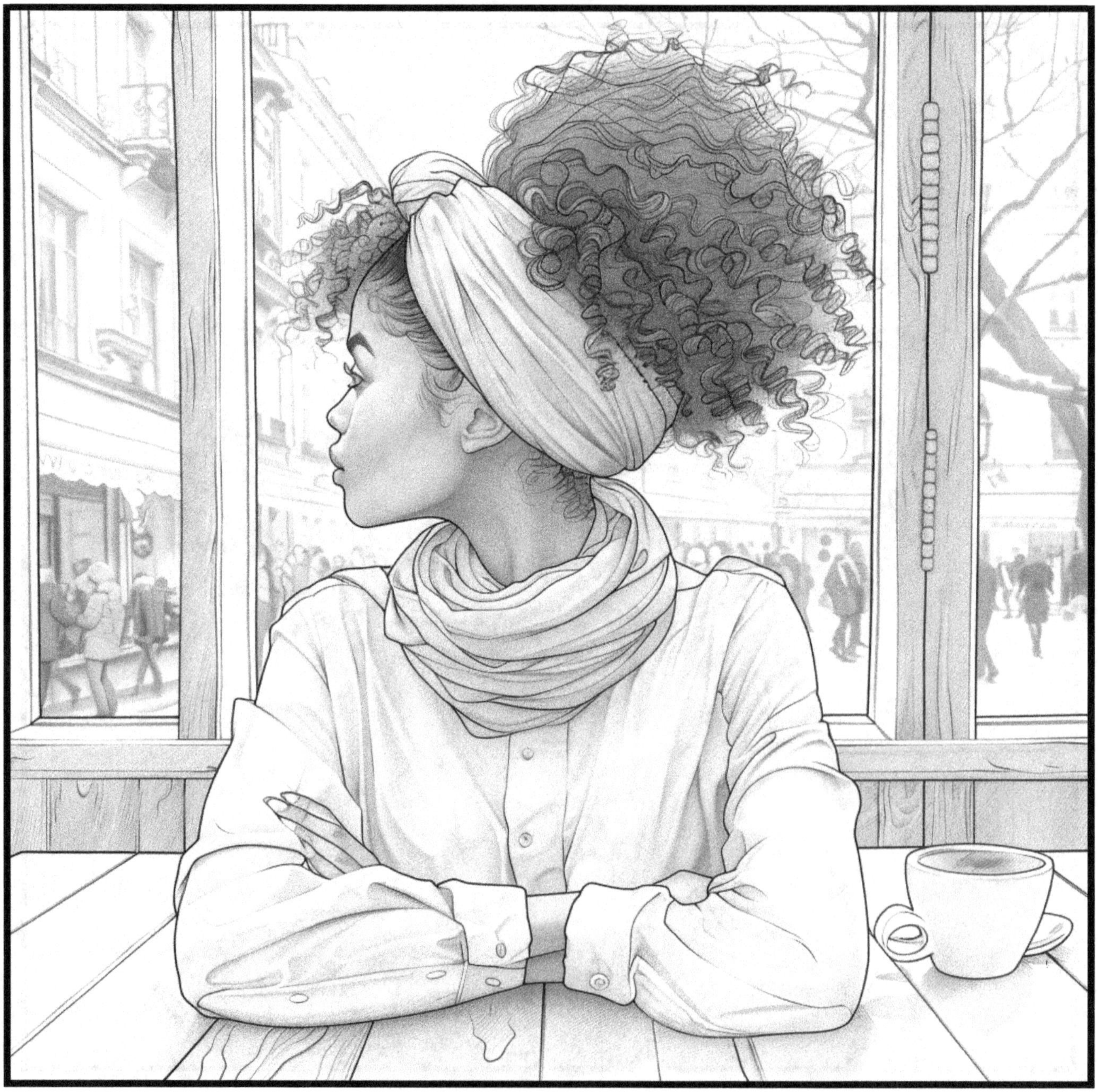

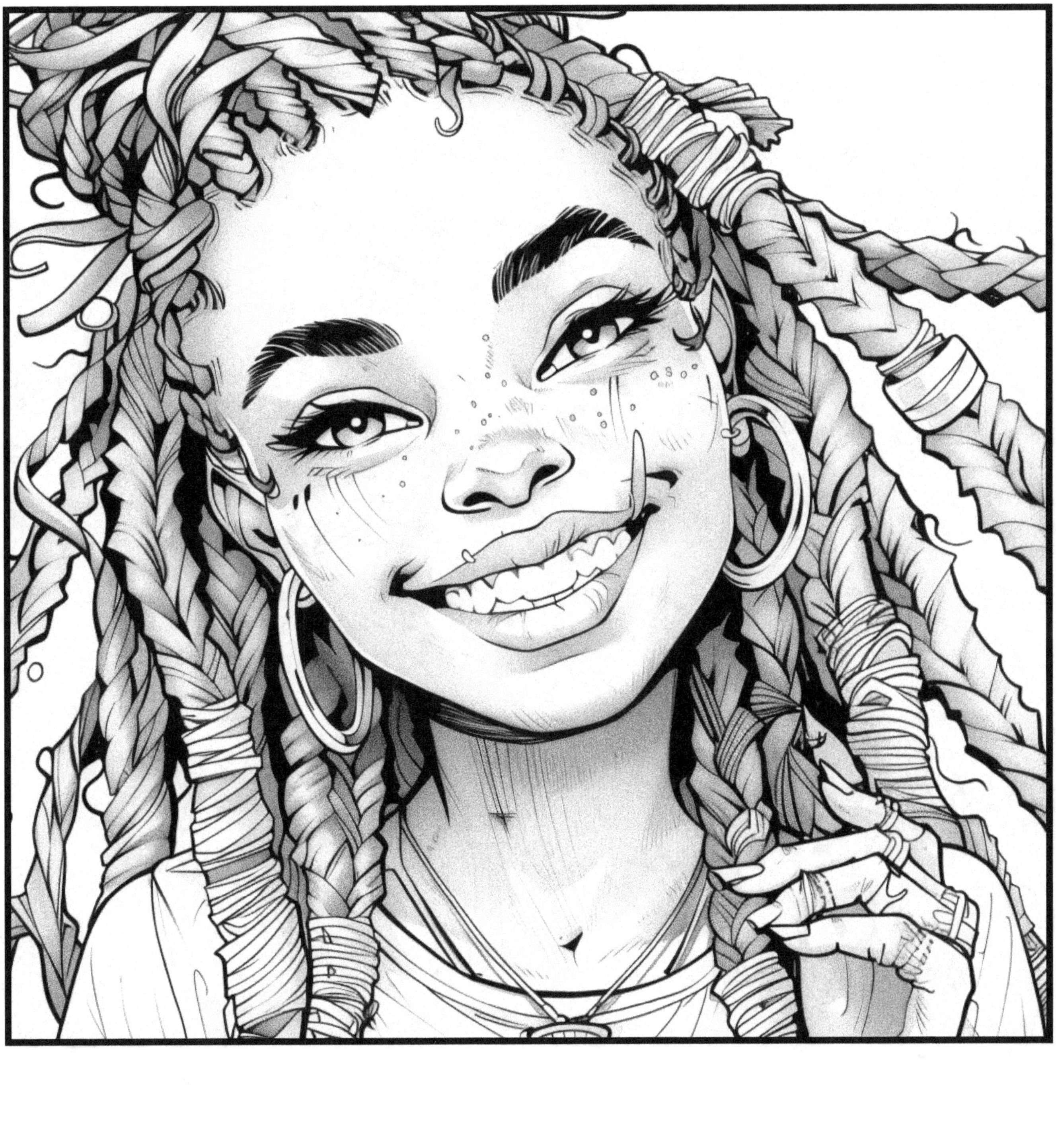

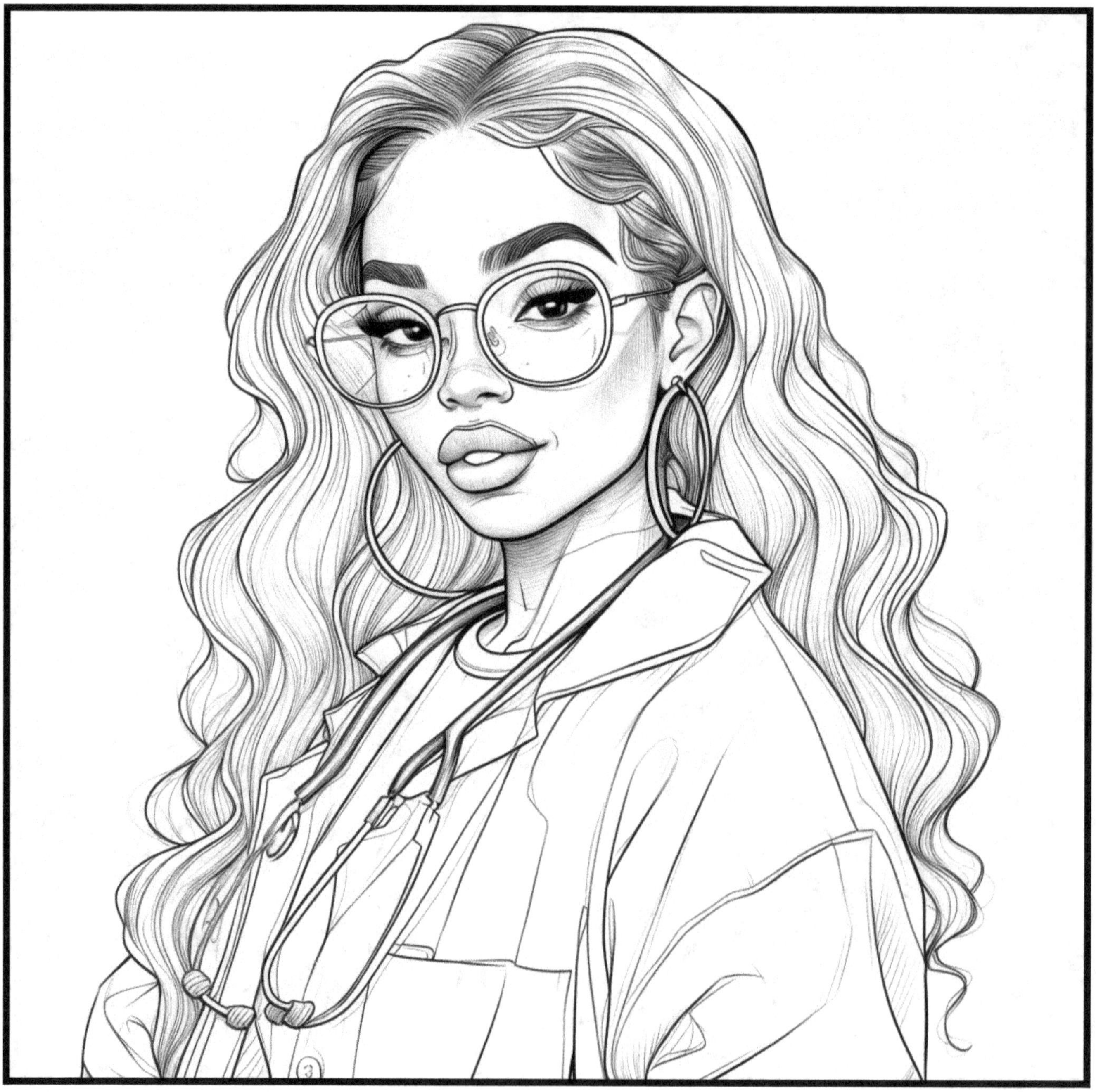

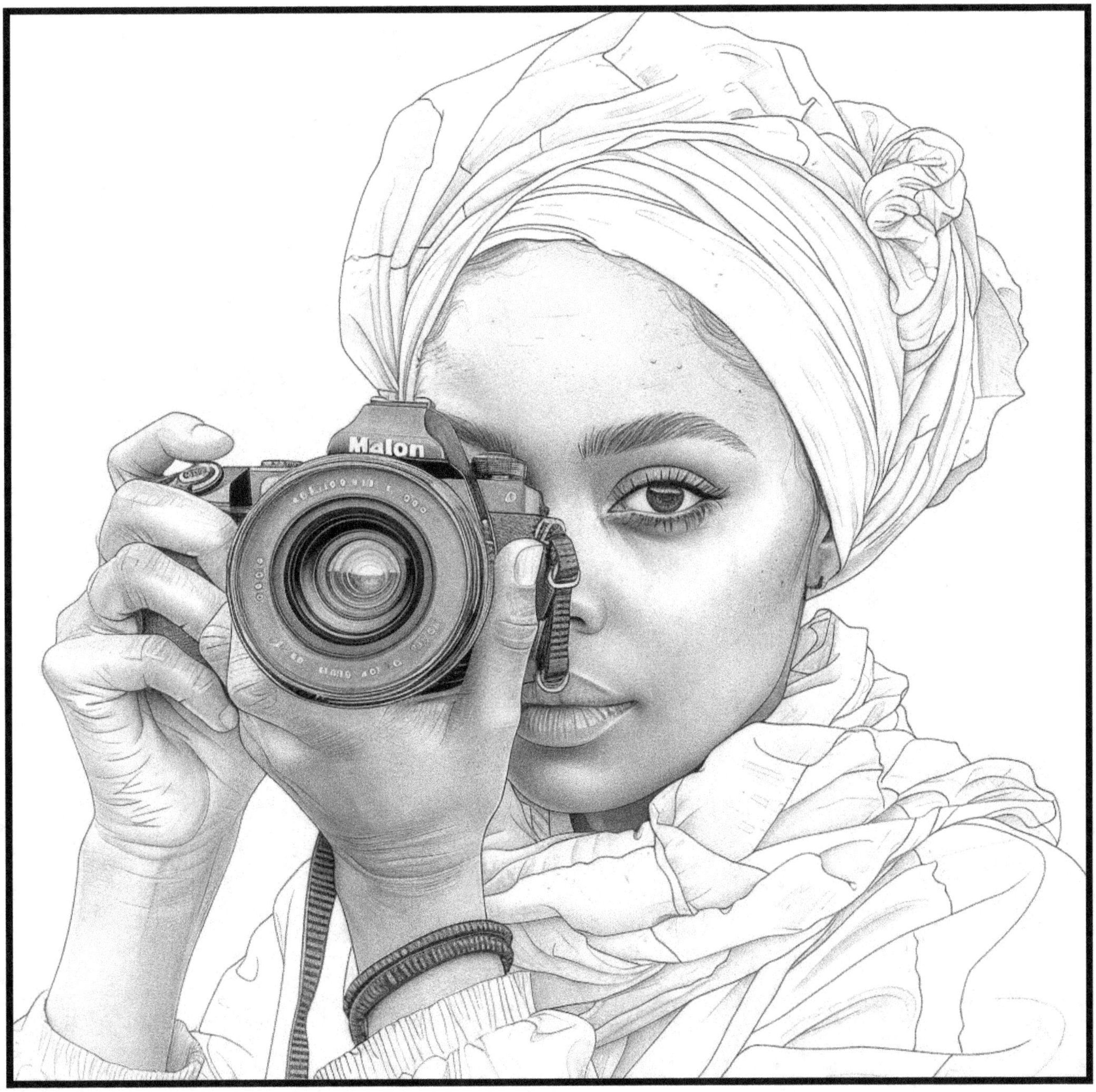
Malon

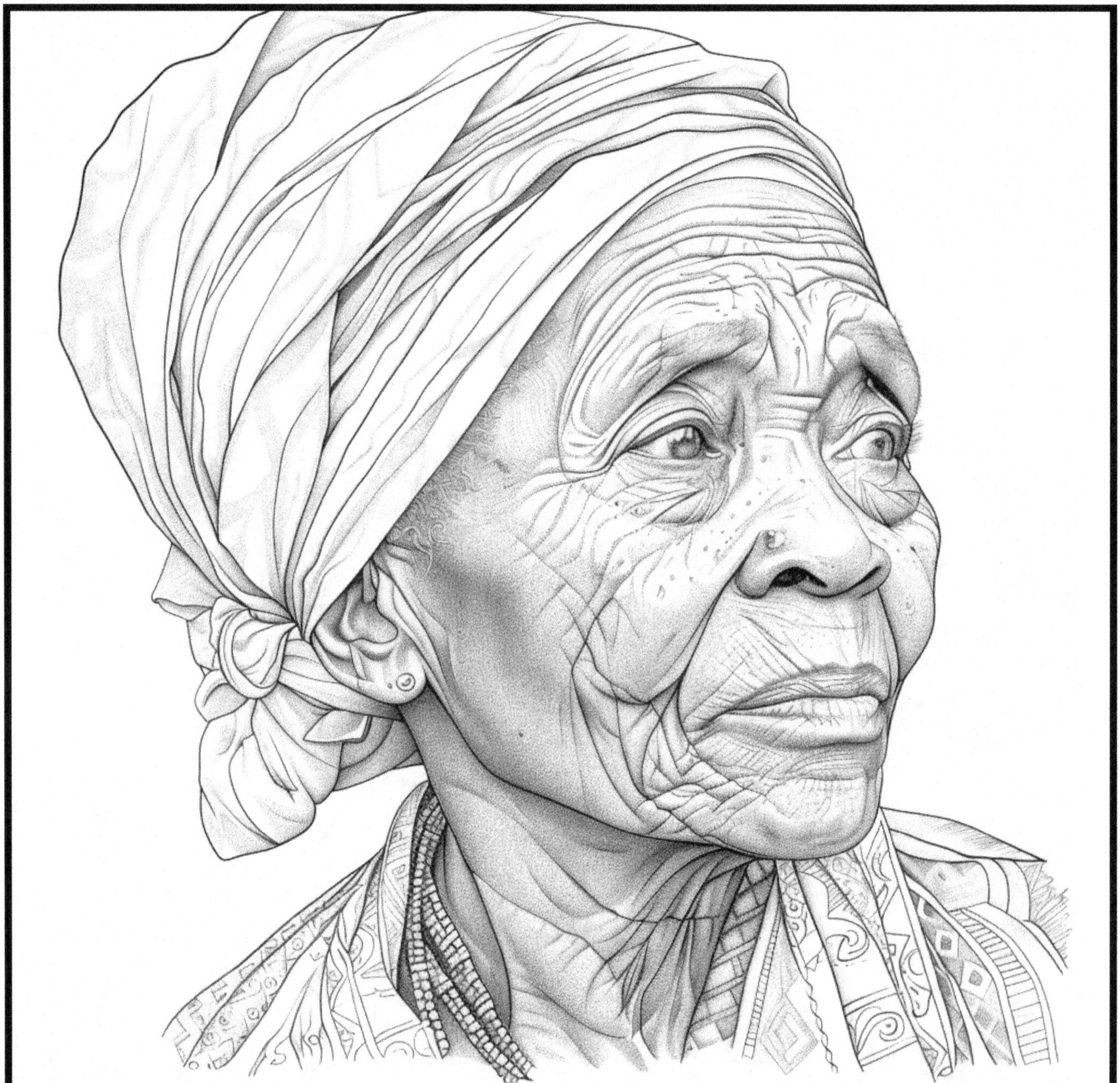

www.ingramcontent.com/pod-product-compliance
Lightning Source LLC
Chambersburg PA
CBHW080935220526
45465CB00008BA/3055
* 9 7 9 8 6 4 5 1 2 3 0 6 2 *